２０１０年1月、会社更生法の適用を申請し、事実上経営破綻した日本航空（ＪＡＬ）の会長に、日本政府と企業再生支援機構の強い要請を受けて稲盛さんが就任し、私も会長補佐兼管財人代理としてこの難題に取り組みました。私の役割は主に二つです。一つは、経営再建の総指揮を執る稲盛さんを支えること、もう一つはＪＡＬにアメーバ経営を導入していくことでした。

その後、ＪＡＬの業績は、当事者であるわれわれが驚くほど劇的に回復しました。再建2年目の２０１１年には東日本大震災が発生し、景気に暗い影が差したにもかかわらず、２０１３年9月には会社更生法申請からわずか2年8カ月という短期間で、ＪＡＬは東京証券取引所に再上場を果たしました。

ＪＡＬ再生のサクセスストーリーは、日本はもとより、世界中の企業経営者やビジネスパーソンの注目を集め、同時に、経営再建のよりどころになったアメーバ経営についても、「ぜひ教えてほしい」という問い合わせを多数受けることになりました。

アメーバ経営は、すでにさまざまなメディアや書籍で紹介されています。しかし、ビジネス書でアメーバ経営の実践方法を詳細に書いたものはあまり見当たりません。また、「アメーバ経営は製造業のための経営手法」との誤解も、いまだにあります。

私が会長を務めるＫＣＣＳマネジメントコンサルティング（ＫＣＭＣ）は京セラの関連会社で、クライアント企業へのアメーバ経営の導入を事業として行っています。いわばアメーバ経営コンサルティングの本家本元です。

本書では私自身の経験、そして導入企業の事例を交えながら、アメーバ経営とは何か、どのように導入・運用したらいいのか、導入すると何が変わるのかなどについて、ＪＡＬをはじめとする具体的な導入事例を紹介しつつ、わかりやすさに重点を置いて解説していきます。

大企業でも管理会計として部門別採算管理が導入されています。しかし、その多くが財務会計の損益計算書に基づいており、事業本部など大きな部門を中心とした採算管理となっています。通常、企業の利益は販売の結果で把握されるため、営業部門で計上されます。一方、製造やサービス部門の経営数字は、すべて原価、つまりコストとして把握されます。このため、利益は製販をとりまとめる事業本部単位、事業本部などでしか把握できません。このため、利益管理に取り組むメンバーは、本部長と一部のスタッフに限られます。

一方、アメーバ経営は、小集団部門別採算管理であり、営業、製造、サービス部門など、個々の部門で採算管理を行えることが特長で、ほぼすべての社員が利益管理に取り組むことになります。

アメーバ経営の最大の特徴は、会社組織を「アメーバ」と呼ばれる小集団組織に分け、各アメーバのリーダーがまるで経営者のように小集団組織の経営を行うことです。事業年度の開始前、全社の年間経営目標であるマスタープランがボトムアップ方式で策定され、その結果、各アメーバの目標も決まります。そのマスタープラン達成に向け、リーダーは毎月、自ら予定を立て、メンバーの知恵を結集し、目標をクリアしていきます。こうした仕組みを支えるのが、経営数値を正確かつリアルタイムに把握する部門別採算制度です。アメーバを構成するリーダーとメンバーは、その数字を見ながらＰＤＣＡを繰り返し、目標達成に向けて創意工夫を行うことができます。

　自分たちの努力の結果がすぐに数字に表れる——ここが、アメーバ経営のキーポイントと言える部分です。

「目標値」と「現在値」が数字で明確に見えるからこそ、その「差異」を縮め、なくしていくにはどうしたらいいか考えることができます。この差異が明確になると、人は努力を始めます。おそらく人間には、自分に関する数字を見ると無意識のうちに「少しでも良くしたい」と感じ、改善の方法を考え始める習性が備わっているのではないのでしょうか。

　逆に、働いた結果が数字で表されることもなく、漠然としていると、人の心理とは不思議なもので、現状を「是」とし、変化を嫌うようになっていきます。たとえば、プロ野球選手を思い浮かべてみてください。試合をしても、打率などの個人成績やチームの勝ち負けがわからなかったら、モチベーションは湧いてこない。打率が上がる、試合に勝つという成果が見えるから、選手は努力をするのです。

　これは企業経営でもまったく同じです。しかし、ほとんどの企業の社員は、打率も勝敗もわからないで試合をしています。そのような状態で、社員の力を十分に引き出すのは、誰が社長であっても至難の業です。

　人間の力は無限ですが、多くの企業はその力を活かすことができていないのではないでしょうか。アメーバ経営は、そうした企業にぜひとも活用してほしい手法です。企業が社員の能力を発揮させたいと考えるのであれば、小部門から利益が把握できるようにし、社員が自部門の利益を最大化することを目標に日々の仕事に取り組んでいくように導かなければなりません。

　アメーバ経営は人間本位の経営手法であり、目標を必ず達成するという厳しい面がある一方で、社員全員で物心両面での幸せの実現を目指すことができる、大家族のような温かさを備えています。給与体系も成果主義ではなく、年功序列に近い。ここが欧米流の成果主義との決定的な違いと言えます。

　本書を通じて、アメーバ経営に対して一人でも多くの方の関心と賛同を得ることができたなら、筆者にとってこれほど幸せなことはありません。

目次

第2章 ― ＪＡＬ再生の原動力になったアメーバ経営

第5章 ― 世界に広がるアメーバ経営

第1章

アメーバ経営とは、どんな経営手法なのか？

Promoting Profitable Growth by the Amoeba Management

社員全員が経営に携わるために

アメーバ経営とは、京セラの創業者である稲盛和夫名誉会長が企業経営の実体験から編み出した経営手法で、「経営は一部の経営トップのみが行うのではなく、全社員が関わって行うべきだ」という考え方が貫かれています。

　この経営手法の最大の特徴は、採算部門の組織を5～10人という小さな単位（アメーバ）に細分化し、それぞれがまるで一つの会社であるかのように独立採算で運営することです。各アメーバの売上、利益、経費などの収支は、月が終わると直ちに集計され、全社員にオープンにされます。これにより、経営者はどの部署がどのくらい儲けているか一目瞭然でわかるようになり、社員も自分がどれだけ利益に貢献できたかを知ります。その結果、社員一人ひとりが利益を意識し、それを生み出す意欲と責任を感じるようになるのです。

　各アメーバにはリーダーがいます。その人物がメンバーの知恵を結集しながら経営者のごとく収支の舵を取り、「売上を最大、経費を最小に」を合言葉にメンバー全員で経営目標を達成する――。これが、アメーバ経営が目指す全員参加の経営の姿です。

　リーダーが自分のアメーバを経営していくためには、自分のアメーバの状況を数字でつかむことが欠かせません。しかし、その情報をリーダー自身が収集するのは大変です。よって、アメーバ経営を導入する際には、経営情報を集計し、リーダーが使いやすいように加工して提供する業務を担う部署（経営管理部門）が必要となります。収集する情報は、その月の計画に対する売上や生産などの進捗状況、材料の価格、製品の受注内容、月額の家賃や償却費・光熱費、部下の勤務状況（労働時間数）、売上から経費を差し引いた利益の状況などです。一つひとつの情報は、情報システムを活用してほぼリアルタイムでつかみ、会計や経営の知識がなくてもわかる形に集計して、各リーダーに提供していきます。

あなたの会社では、誰が利益を生み出しているのか

アメーバという名は、単細胞の原生生物であるアメーバから取ったものです。

アメーバは、環境変化に応じて自らの姿、形を変化させながら分裂を繰り返し、巧みに適応します。その様子が、私たちが京セラで行っている経営と似ているということから、アメーバ経営と名がつきました。アメーバ経営では、各アメーバのリーダーの判断によって、必要に応じて他のアメーバから人員を借り受けたり、貸し出したりと、構成人数も変わり、業務のやり方も各アメーバの創意工夫がどんどん取り入れられ、進化していきます。末端の組

図表1-1　利益管理ができにくい理由

｜営業部門｜

・営業部門の目的は「売上拡大」となり、利益はなかなか意識されない。
・価格は「市場価格」で原価は意識されない。

▼

利益は二の次になる

｜製造部門｜

・製造の目標は「原価低減」となり、利益は予定原価との差として意識される。
・「予定原価」からどれだけ低減できるかで評価されてきた。
・「予定原価」は過去の原価計算で決定され、必ずしも市場価格とリンクしていない。

▼

利益を計算できない

織が組織の形や働き方を自律的に変えながら、環境変化にすばやく対応していくところが、まさにアメーバと名づけられたゆえんです。

企業経営で最も大事なことは、そこで働く人々の生活を守り続けることだと、われわれは考えています。いわば企業を大家族のようにとらえているのです。それが、長い歴史の中、徒党を組んで生き延びてきた人間が形成する組織の、あるべき姿ではないでしょうか。そして、従業員を守るためには、企業は永続的な存在（ゴーイング・コンサーン）でなければならず、そのためには利益を出さなければならない。つまり、経営とは何かを突き詰めて考えていくと、「利益を生み出すこと」ととらえることができます。そして、経営者は、社員一人ひとりが、経営の目標である利

図表1-2 アメーバ経営の三つの特徴

1	非常に小さな組織で独立採算（役割・責任の明確化）
2	収支決算は「時間当り採算」
3	タイムリーで正確な経営情報

益の拡大に向けて努力を重ねられるように、環境を整えていく必要がある。それを実現したのが、アメーバ経営なのです。

ここで一つ、質問です。

「あなたの会社では、誰が利益を生み出しているのですか？」

この質問に即答できる経営者はそれほど多くないはずです。

どの企業でも、売上拡大と経費節減は追求しています。しかし、採算を細かく見られる仕組みにはなっていません。たとえばメーカーの場合、製造部門は決められた原価と経費の予算があり、その中でやり繰りしています。採算が合ったかどうかは、営業部門が顧客に製品を販売し、会社全体で決算を締めた時点

図表1-3 アメーバ経営における経営指標

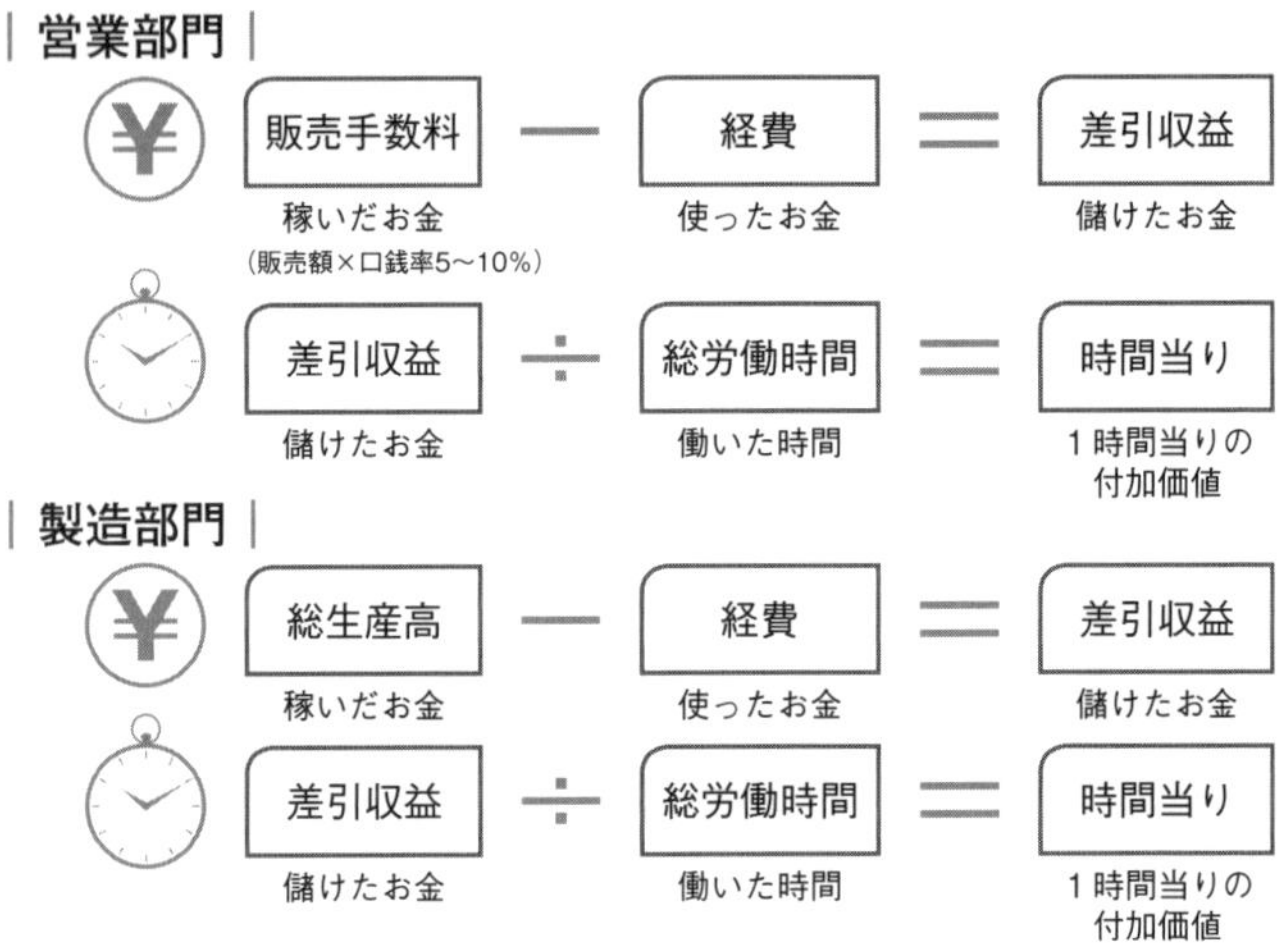

で初めてわかるわけです。しかもそこで判明する利益（あるいは損失）額は、どこまでが製造部門の利益で、どこからが営業部門の利益なのか明確ではありません。

利益がたくさん出ていれば、それは大きな問題にならないかもしれません。しかし、全然儲かっていない場合、どこに責任があるのでしょうか。製造部門側は「うちでは予定原価を必ず下回るように努力している。営業がとんでもなく安い価格で売っているから利益が出ないんじゃないか」と思うわけです。一方、営業側は、「そうは言っても、マーケットプライス（市場価格）というものがある。そこに価格をそろえないと誰も買ってくれない」と水掛け論が始まります。さらに、期末にならないと損失を出していることがわからないので、すぐに対策を打つことができず、赤字を垂れ流すことになります。

社内売買によりアメーバの独立採算管理を実現

アメーバ経営を導入すると、製造部門でも利益が見えるようになります。メーカーはモノを作ることによって利益が出るから、メーカーとして存在しています。だから、モノを作っているところでも利益を考え、売るところでももちろん利益を考える必要があります。そこで各部門の採算を明確にするために、「社内売買」という独特の仕組みを用います。

社内売買とは、各アメーバを一つの会社のように位置づけ、アメーバ間で製品などが動くときは、社内売買があったとみなす仕組みのことです。アメーバの総生産高（稼いだお金）は、社内の別のアメーバに販売する「社内売」と、社外に販売する「社外出荷」の合計から、「社内買」を引いたものです。この総生産高から、製造にかかった経費（使ったお金）などを引いていけば差引収益（儲けたお金）がわかります。

経費は、「原材料費」「外注加工費」「電気代」などの直接経費と、「本社経費」「工場経費」「営業手数料」「金利」などの間接経費の合計です。製造業の場合、製品の生産高は製造アメーバに計上され、販売を担当した営業アメーバには販売額の5～10％前後の手数料が支払わ

図表1-4 製造アメーバの採算表と家計簿

アメーバ採算表

	予定	実績	差異
総出荷（b+c）			
社外出荷（b）			
社内売（c）			
社内買（d）	▲	▲	
総生産（a=b+c-d） 計	円	円	円
経費（e） 計	円	円	円
原材料費			
外注加工費			
電力費			
……			
……			
……			
……			
……			
金利・償却代			
部内共通費			
工場経費			
本社経費			
営業手数料			
差引収益（f=a-e） 計	円	円	円
総時間（g）	時間	時間	時間
定時間			
残業時間			
部内共通時間			
当月時間当り（f/g）	円	円	円
時間当り生産高（a/g）			

一般的な家計簿の例

	月 日
給料	
パート収入	
利息・配当	
その他収入	
収入 計	円
支出 計	円
食費	
衣料品	
水道光熱	
生活用品	
住宅用品	
教育	
娯楽	
医療	
保険	
税金	
貯蓄	
ローン返済	
その他支出	
現金残高 計	円

れる仕組みになっています。よって、製造アメーバの経費には「営業手数料」がかかります。また、本社や工場の経費、管理部門や研究開発部門など収入を伴わない非採算部門のコストも、採算部門のアメーバが応分に負担します。

一方、人件費は経費に含まれません。その理由は、組織を小さく分けているため、個人の人件費の開示につながってしまうからです。人件費がわかってしまうと、職場の雰囲気を悪くすることになりかねません。その代わりに、差引収益（儲けたお金）を総時間（メンバー全員が働いた時間）で割って算出する「時間当り付加価値（「時間当り」と省略して表記することが多い）」という指標を用いて利益の状況をつかみます。

利益責任を負う部門を明確にし、その利益を社員全員で協力して増やしていく。これがアメーバ経営の目的です。後ほど詳しく説明しますが、アメーバ経営では、「部門別採算制度」という手法を用い、「時間当り採算表」と呼ぶ家計簿のような帳票を使って、各アメーバの売上、利益、経費、労働時間などを発生と同時に細かく管理します。アメーバ間の社内売買時や社外への製品出荷時や、購買部を通じて原材料を購入するなどモノやカネが動くときには、必ず伝票を起票し、伝票も「一対一対応」で動くようにします。この伝票への入力情報こそアメーバの業績を測定する材料であり、起票が遅滞なく正確に行われることが、アメーバの運用には欠かせません。

時間当り採算表では、経理の勘定科目を使わず、管理会計用のわかりやすい形式にしています。ここまでの説明で、会計に詳しい人は、アメーバ経営の採算管理は、「管理会計」の一種だと気づいたと思います。会計には、会計基準や会計関係法規に準拠し外部報告を目的とした「財務会計」のほかに、経営の意思決定や管理に役立つ情報提供を目的とする「管理会計」があります。財務会計で出される損益計算書を読みこなすには、簿記や会計の知識が必要になりますが、時間当り採算表は家計簿のような様式で各アメーバの損益を明確にするので、専門的な知識がなくても理解できます。採算表に現れた数字で自分たちの実力を知り、創意工夫してさらに時間当り付加価値を上げていくのがリーダーの仕事です。

これらの情報は経営管理部門によってひと月単位で集計され、月が終わると１カ月間の売上や総生産、経費、差引収益（儲けたお金）、１時間当りの付加価値などが明らかにされます。

時間当り付加価値は、アメーバの採算を管理するのに非常に便利な指標です。要は、稼いだお金から使ったお金を引き、働いた時間で割ったものです。アメーバの人数が５人でも10人でも、アメーバの総時間で割るので、すべてのアメーバにとって共通の指標となります。もし、１時間当り人件費（総人件費／総時間）が３０００円の職場で時間当り付加価値が２０００円しか出ていなかったら、その部署の社員は自分たちの給料分も稼いでいないことが明白になり、奮闘を誓うでしょう。高い数字を出したところは、「自分たちは○○万円の

図表1-5 採算管理表と財務会計の関係

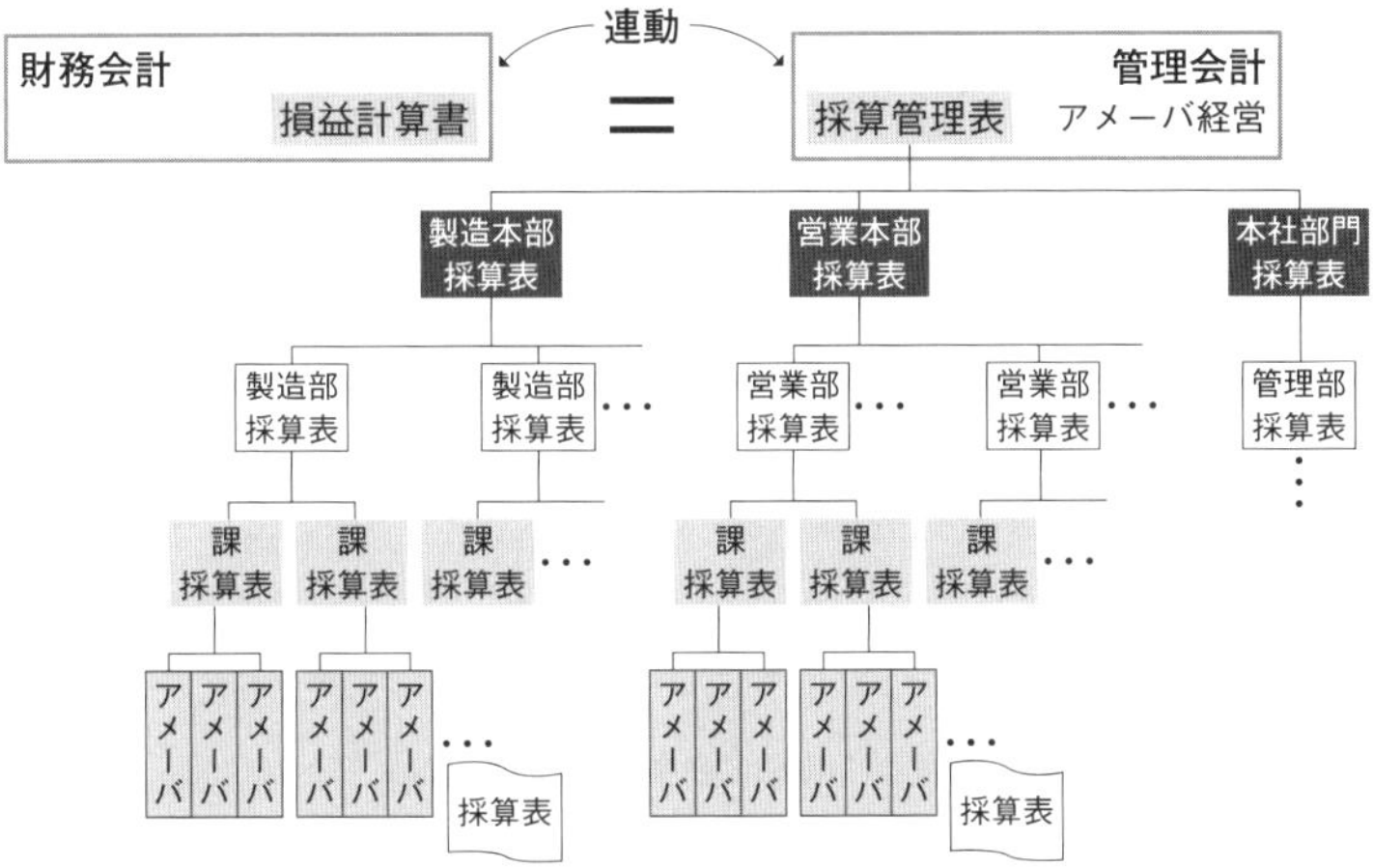

利益を稼いだ」と具体的にわかり、リーダーとメンバーのやる気にますます火がつきます。

管理会計と財務会計の関係

アメーバ経営は管理会計の一形態ですが、財務会計とも連動しており、売上高・経費・（人件費を算入した際の）税引前利益が両者で一致するように作られています。

図はアメーバ経営を導入した企業の組織階層図の例です。製造本部は部・課・係から構成され、係の部分をアメーバ化しています。この企業では、各課に属するアメーバの月次採算表を合計すると課の採算表となり、各部に属する課の採算表を合計すると部の採算表になります。こうして、製造本部や営業本部、

図表1-6　アメーバ経営の会議形態

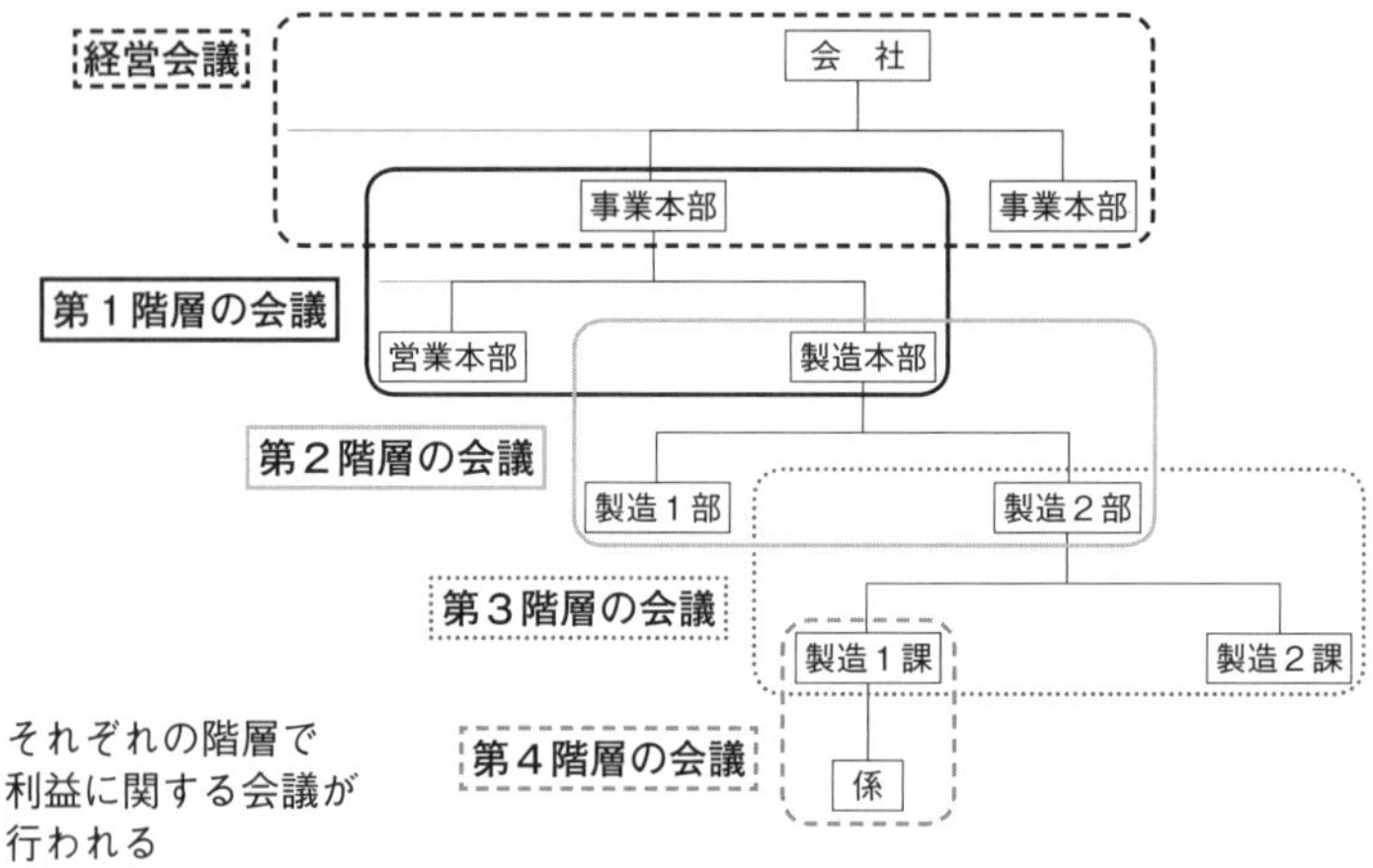

本社部門などを合計すると会社全体の月次採算管理表ができあがります（もう少し正確に言うと、採算表には人件費を計上していないので、採算表上の差引収益から人件費を控除したものが財務会計の税引前利益と一致するようになっています）。

　これにより、経営トップも事業部長もアメーバリーダーも、採算管理表を中心に経営を行っていくことができます。つまり、トップにとって最も重要である利益目標の達成が、そのままアメーバリーダーにとっても最も大切な目標になるのです。ですので、会社の経営会議はこれらの採算管理表を中心に行います。

　アメーバ経営での経営会議は、図1－6のような四つの階層で行われます（階層は企業の規模によって変動します）。経営会議は社長以下、本部長クラスが中心となって、経営の状況と今後の見通しを、数字をベースに報告する会議です。第1階層は事業本部内の会議で、製販合同で業績の見通しの報告、そして課題の共有、対策の打ち合わせを行います。第2階層は各本部内の会議です。部長、場合によっては課長クラスまで参加します。第3階層では部課長が集まって、会社の方針に対する部と課の取り組みを検討する場となり、第4階層では課長が係長やアメーバリーダー、メンバーに方針の徹底を行う場となります。

このようにして各階層の会議を通じ、経営トップから現場まで情報を共有していきます。キーポイントは、すべての階層で「利益」を中心に、経営に関する会議が行われていることです。これこそが、京セラが創立以来、激動の環境下でも、一度も赤字になることなく成長発展してきた原動力なのです。

論語とそろばんは一致しなければならない

同じような製品を作っても、儲かる会社と儲からない会社があります。その差は何でしょうか。

私は、明らかに人間の差だと考えます。アメーバ経営でも、長期的に見るとリーダーの差が非常に顕著に表れます。結束力の強いチームと、リーダーの言うことをまったく聞かないチームとの業績の差は歴然としている。そこでアメーバ経営を導入する際には、人としてどうあるべきか、他人からついていきたいと思われるような人間になるにはどうしたらいいのかということに関して、リーダー教育を含めた理念（フィロソフィ）教育を重点的に行います。経営者と社員の人間力を磨いて、そこにおいては他社に絶対負けない状態をつくり出すことが、企業の競争力を高め、長期的に安定経営を続けていくことに直結するのは私の経験上、間違いありません。

企業経営にフィロソフィ、つまり哲学や理念が必要であることは、すでに多くの偉人が指摘しています。たとえば、江戸時代の農政家、二宮尊徳は「道徳を忘れた経済は、罪悪である。経済を忘れた道徳は、寝言である」と経済と道徳の両立を説き、伝説の実業家である渋沢栄一も「論語とそろばんは一致しなければならない」と指摘しています。ここで言う「論語」は「自分を律する、人としてあるべき姿」、「そろばん」は「事業を行ううえで備えるべき知識や技術」のこと。二つのどちらが欠けても事業は行えないということです。

京セラグループの経営理念は「全従業員の物心両面の幸福を追求すると同時に、人類、社会の進歩発展に貢献すること」です。私は入社当時、この経営理念を耳にしたとき、前半部分の「物心両面の幸福を追求する」には異存がなかったのですが、社会貢献という言葉にはピンときませんでした。当時の上司だった係長は「できるだけ多くの利益を上げ、税金を多く払うことが社会貢献だ」と説明してくれましたが、その意味がわかるようになったのは入社後しばらくしてからでした。

いずれにしても、この経営理念の達成こそが、経営者と全従業員の目指す目的であり、それを実現するための経営システムがアメーバ経営です。

フィロソフィとアメーバ経営は車の両輪であり、一体となって機能します。どちらも欠くことのできない要素です。フィロソフィ教育に関しては、65ページ以降で解説します。

さて、私は京セラコミュニケーションシステム（ＫＣＣＳ）の社長のころ、リーダーに対して「赤字部署の人間は廊下の真ん中を歩くな」と言っていました。たとえばこんな感じです。

私「赤字部署のヤツは廊下の真ん中を歩くな」

リーダー「森田さん、厳しいこと言わないでくださいよ」

私「おまえは廊下の真ん中を歩いていいのか？」

リーダー「今は大変な時期なので勘弁してください」

私「わかった。それはいいけれど、いつ時間当りを○○円以上にするんだ?」

リーダー「○月までに必ず達成します!」

責任追及や叱責という感じではなく、明るく冗談を交えながらのやり取りがなされ、私に発破をかけられたリーダーは、真剣に採算の向上に取り組む。それは陸上の選手がタイムを計られると本気になるのとよく似ているのはないでしょうか。

自分たちが稼ぎ出した利益が毎月数字で目の前に示されれば、それを何とかしてよくしたいと思うのは、人間の持って生まれた性分かもしれません。大事なのは数字が正確でかつ、すぐに出てくること。出てくる数字がいい加減だったり、出てくるまでに長期間を要したりしたら、誰も数字をよくしようとする意欲など湧きません。

一対一の対応でダブルチェック

そのためには、会計処理に関わる社内ルールの整備が不可欠です。そのルールで社員の成果を計るわけですから、社員の納得性の高いフェアなものでなければなりません。数字に納得性がなければ、「俺は何でこんな数字に振り回されているのだろう」と思い悩んでやる気をなくす社員が増えるでしょう。

たとえば、出荷のルールです。私が京セラで1970年代に経営管理を担当していたころは、その月の最終日ともなると、朝一番から倉庫の前に、工場から運ばれてきた製品を積んだ台車が行列していました。

経営管理部門は各アメーバの生産高、差引収益、時間当り採算などの実績数字をその日のうちに集計し、翌日の朝までに各アメーバに知らせる役目を担っています。と同時に、アメーバ経営のルール作りや、ルールに沿った運用がなされているかどうか行司役としてチェックする役割もあります。その意味では、アメーバ経営を正しく回していくためのキーとなる部門です。

製造部門は、経営管理が管轄する倉庫へ製品を納めた時点で、初めて生産高に計上することができます。月の最終日の正午までに倉庫に収めなければ、その月の生産高とは認められません。どの部門もその月の目標を達成できるかどうかの瀬戸際にいて必死です。できれば締め切り時間を少し延ばしてほしい、と思っている部門もあるでしょう。しかし、ここでルールを曲げて例外を認めだしたら、それをきっかけに運用が崩れていきます。だから、締め切り時間が来たら、有無を言わさず倉庫の扉は閉められます。

京セラにとって、月末は特別な日です。1カ月の目標をみんなで成し遂げられるかどうかのドラマがある。締め切りの時間とともに、結果が良かろうと悪かろうとそこで終わりが来ます。だから、その前に、何とか目標を達成したいと努力するのです。現場の社員に「強制的にやらされている」という感覚はまったくありません。「目標を達成することが自分たちの仕事だ」と社員はみな理解してくれていますし、ゲーム感覚で目標をクリアすることに取り組んでいる社員も少なくありません。

そして、数字を締めてみて、今月も黒字だった、計画通りの数字を達成できたとなれば、社員の表情はみんなとても明るくなります。JALの再建に携わったときにも感じたのですが、黒字になると明らかに表情が変わって元気になる。やはり、社員は自分と家族の生活がかかっていますから、会社の業績が順調だと安心して仕事に取り組めるのです。そうした変化が身近にわかるのも、アメーバ経営の良さだと思っています。

ちなみに経営管理部門は、各アメーバの売上や経費をチェックする役割も担っています。各アメーバで起票された収入や支出の伝票の内容が妥当であるかどうか、必ず確認します。アメーバ経営では、各アメーバの収支を正しく把握することが生命線になります。たとえば、モノがないのに伝票だけ回して売上を立てるというように、経理操作で採算を良く見せようとする行為は完全に封じなければなりません。別に社員を疑っているわけではなく、そうした可能性を限りなくゼロにすればみんなが安心して仕事に取り組めます。

そのために徹底しておかなければならないのが「一対一の対応の原則」と「ダブルチェックの原則」の二つの原則です。経営管理部門はモノやお金と伝票が一対一で動いているかを経理部門とともにダブルチェックします。品物が動くときには必ず伝票もついていく。また品物を買ったときには購買伝票がついていく。このような経理、会計の基本を疎かにしてはなりません。この「一対一の対応の原則」が厳格に守られていれば、不正な経理操作も起こりようがない。この「一対一の対応」と「ダブルチェック」は、アメーバ経営を正しく運用するために欠かせない大原則です。

創業3年目に突き当たった壁

そもそも稲盛さんが、社員全員が経営に関わる経営手法を編み出したきっかけは、京セラの草創期に起きたある出来事でした。

稲盛さんは、大学卒業後、京都の碍子《がいし》メーカーに技術者として就職しました。セラミックという素材の可能性にいち早く気づき、若くして頭角を現した稲盛さんは、需要が急速に伸びていたテレビ向けのセラミック部品を開発しました。大量受注の見込みもあったのですが、当時、会社では労働争議が頻繁に起きていて製造もままならない状態にあり、加えて経営陣や上司の理解も得られず、失意のうちに退社を決断しました。

しかし、元上司や同僚たちがこの才気にあふれた若者を放ってはおきません。「せっかくの技術がもったいない」と元上司にあたる方が精力的に動いて資金を集め、稲盛さんと同時期に会社を辞めた同志とともに、１９５９年京都セラミック（京セラの前身）を創業しました。会社創設の目的は、「稲盛さんの技術を世に問うこと」でした。

仕事の引き合いも多く、社内は活気にあふれ、28人という小所帯ながら順調な船出でした。しかし、設立3年目に壁に突き当たります。高校を卒業したばかりの新入社員が、入社後1年あまりたって昇給とボーナスに関するさまざまな要求をしてきたのです。

稲盛さんは戸惑いました。創業したばかりの小さな会社に、そんな約束ができるはずもありません。会社を大きくすること、売上を伸ばすことが、ひいては社員の生活向上につながる。それなのにすべてを「経営者対従業員」という対立軸で物事をとらえ、経営者の思いを理解しようとしない――。そんな入社1年目の社員に、「どうしてわかってくれないのか」と思い悩んだそうです。

稲盛さんは、懸命に説得を続けました。「みんなで力を合わせてがんばれば、君たちが望むような給料を払えるような会社になれる。俺を信じてほしい」「もし、約束をたがえたら、自分を刺し殺してもいい」。時間はかかりましたが、最終的には何とか彼らを納得させることができました。しかしこの出来事を境に、社員も経営者と同じ考えで経営に参加してもらわなければ企業経営はうまくいかない、と稲盛さんは痛感するようになりました。

では、社員が経営者と同じようなスタンスで仕事に臨んでもらうにはどうすればいいのか。稲盛さんは考え続けました。その結果、たどり着いたのが、経営に関する実績を社員全員にすべてオープンにすることでした。企業の経営状況を見える化し、自分たちの給料の源泉となる利益がどこでどのくらい生まれているのか、そして、その利益創出に自分はどれだけ貢献できているのかをひと目でわかるようにすれば、従業員が経営者に近い感覚で業務に臨んでくれると考えたわけです。

全員経営を生み出す時間当り採算

企業の経営状況を社員に見せるといっても、単に決算書を社員に見せればいいというわけではありません。決算書に載っているのは会社全体の数字なので、従業員一人ひとりに「自分がどれだけ利益創出に貢献しているか」の実感は湧きません。仮に会社が赤字だと聞いても、どこか人ごとのような感じがします。

また、決算書の数字を読みこなすには財務会計の知識が必要で、一般の社員がそこから何

図表1-7 製造アメーバの採算表と家計簿（再掲）

| アメーバ採算表 |

		予 定	実 績	差 異
総出荷（b+c）				
社外出荷（b）				
社内売（c）				
社内買（d）		▲	▲	
総生産（a=b+c-d）	計	円	円	円
経費（e）	計	円	円	円
原材料費				
外注加工費				
電力費				
……				
……				
……				
……				
……				
金利・償却代				
部内共通費				
工場経費				
本社経費				
営業手数料				
差引収益（f=a-e）	計	円	円	円
総時間（g）		時間	時間	時間
定時間				
残業時間				
部内共通時間				
当月時間当り（f/g）		円	円	円
時間当り生産高（a/g）				

| 一般的な家計簿の例 |

		月 日
給料		
パート収入		
利息・配当		
その他収入		
収入	計	円
支出	計	円
食費		
衣料品		
水道光熱		
生活用品		
住宅用品		
教育		
娯楽		
医療		
保険		
税金		
貯蓄		
ローン返済		
その他支出		
現金残高	計	円

かを読み取るのは簡単ではありません。決算がまとまるまでには時間がかかるという問題もあります。年に1回とか半年に1回の頻度で決算が出てきても、そこに表れた数字はすでに過去のもので、事業戦略の立案や業務の改善にはあまり役に立たない、という面もあります。

そこで稲盛さんが考え出したのが、部署ごとに「採算表」と名づけられた家計簿のような帳簿をつけることでした。家計簿なら、誰にもでもなじみがあり、財務会計の知識がまったくなくてもつけることができます。

家計簿のようなと言いましたが、採算表と家計簿はほぼ同じ構造です（図表1－7）。家計簿では通常、収入、支出、残高の三つの項目に分かれており、収入と支出の内訳を記載する項目があります。収入の内訳は「給与」「その他収入」、支出の内訳には「食費」「衣料品」「水道光熱費」「教育」「医療」「娯楽」「保険」「税金」「借入金返済」などといった具合です。

アメーバ経営で使う採算表も基本的には家計簿と同じ構造です。製造アメーバで使う採算表を見てみましょう。家計簿の収入にあたるのが「総生産」、支出にあたるのが「経費」、残高にあたるのが「差引収益（利益）」です。

アメーバ経営は「社員全員が経営に関わること」を目指しています。経営に関わるとは、経営者だけでなく社員も自分たちの収支を管理し、利益に対してしっかり責任を負うことを意味します。そのためには組織を採算管理できる最小の単位に分けて、その一つひとつにリーダーを置いて会社のように運営し、会社全体は小さな会社の集合体としていけばいいのではないか。これがアメーバ経営の発想の原点でした。ただ、実際には小さな会社をいくつも作るわけではありません。法人をたくさん作れば、それぞれに管理部門が必要になり、無駄も生じます。実際に小さな会社をたくさん作るのではなく、そうした状態を仮想的に実現するのが、この採算表を使った部門別採算制度です。

各アメーバのリーダーは、採算表を使って収入と支出、そしてかかった経費をつぶさにウオッチしながら、月末にどのくらいの利益が上がるか、その利益の実績は月初に立てた計画(アメーバ経営では「予定」と呼びます)とどのくらいの差異があるのか、などを考えつつ、日々の業務に臨みます。そしてメンバーの協力と知恵を借りながら、支出を抑え、収入を増やす努力をしていくのです。これはつまり、家庭で家計簿をつけてお金のやり繰りをするのと基本は変わりません。

アメーバ経営では、社員にも経営者の感覚を求めているのですが、そもそも社員の多くは経営の勉強をしたこともありません。知識も経験もない経営の素人の社員がなじめるようにするには、「家計簿をつけられれば誰でも経営できる」というくらいのわかりやすさが必要なのです。そのため、アメーバが儲かっているかどうかが一目瞭然となるように、「時間当り付加価値」という指標も作られました。すでに説明したように、時間当り付加価値は、差

図表1-8 営業アメーバの採算表の例

	予定	実績	差異
受注額			
売上高（b）			
総収益（a=b×10%） 計	円	円	円
経費（c） 計	円	円	円
販売促進費			
出張交通費			
広告宣伝費			
販売手数料			
電気代			
……			
……			
オフィス賃貸料			
本社経費			
差引収益（d=a-c） 計	円	円	円
総労働時間（e=f+g+h）	時間	時間	時間
定時間（f）			
残業時間（g）			
部内共通時間（h）			
当月時間当り（d/e）	円	円	円
一人当り売上高（b/i）			
人員（i）			

引収益を総時間で割って算出するもので、アメーバの規模が違っても、その収益性を簡単に比較できる便利な指標です。

また、時間当り付加価値は、生産性向上の重要な指標にもなります。たとえばアメーバの創意工夫で、１００の利益を生み出すのに、従来１００時間かかっていたのを50時間に短縮できたとします。時間当り採算は2倍になりました。でもこれだけでは、利益の額は従来と同じく１００で、短縮された50時間は余ったままです。この余剰の労働資源で１００の利益を生み出せれば、利益を2倍の２００に増やすことができます。つまり、時間当り付加価値を見ることで、アメーバの余剰能力や経営効率を見ることができるのです。「時間当り」は、アメーバが創意工夫を生み出すための重要指標なのです。

京セラでは創業6年目に製造部門を中心に、部門別採算制度を導入しました。当時の京セラは、製造工程別に組織を細分化し、5~10人単位の小集団（アメーバ）に分け、各アメーバ間で「社内売買」をする仕組みを作りました。これにより各アメーバは「売り」と「買い」を持った会社のような採算単位になり、アメーバリーダーは利益拡大を追求できるようになりました。

アメーバリーダーには製造現場の課長や係長が就き、採算表の読み方や時間当り付加価値の考え方が教え込まれました。こうして、社員一人ひとりが、どのように動けば会社の売上を向上させ、自分の給料の原資となる付加価値を増やすことができるのか、具体的に理解できる仕組みが整っていったのです。

その後、京セラでは営業部門にもアメーバを導入しました。営業部門は顧客から注文を受けて製造部門に発注し、顧客に製品を納め、売上に応じた一定割合（5～10％程度）を製造アメーバから受け取ります。つまり、製品そのものの生産高は製造部門で計上し、営業部門は販売を担当してその製品の売上に応じた手数料を得る形になっているのです。

世界中から注目を集めるアメーバ経営

アメーバ経営を活用した京セラは、中小企業から大企業へ、そして世界企業へとすばらしい成長を遂げました。すると、京セラの経営手法を教えてほしい、という声がたくさん寄せられるようになりました。しかし、稲盛さんはそのような依頼があっても、「あれは外に出すべきものではない」と断っていました。それは次のような考えを持っていたからです。

「企業経営というものは、トップが持つ哲学や理念によって大きく左右されるもの。トップの器が大きくなれば会社も自然に発展していくものなのだ。だから、アメーバ経営をあえて教える必要はない」

図表1-9　業種別に見たアメーバ経営導入企業数

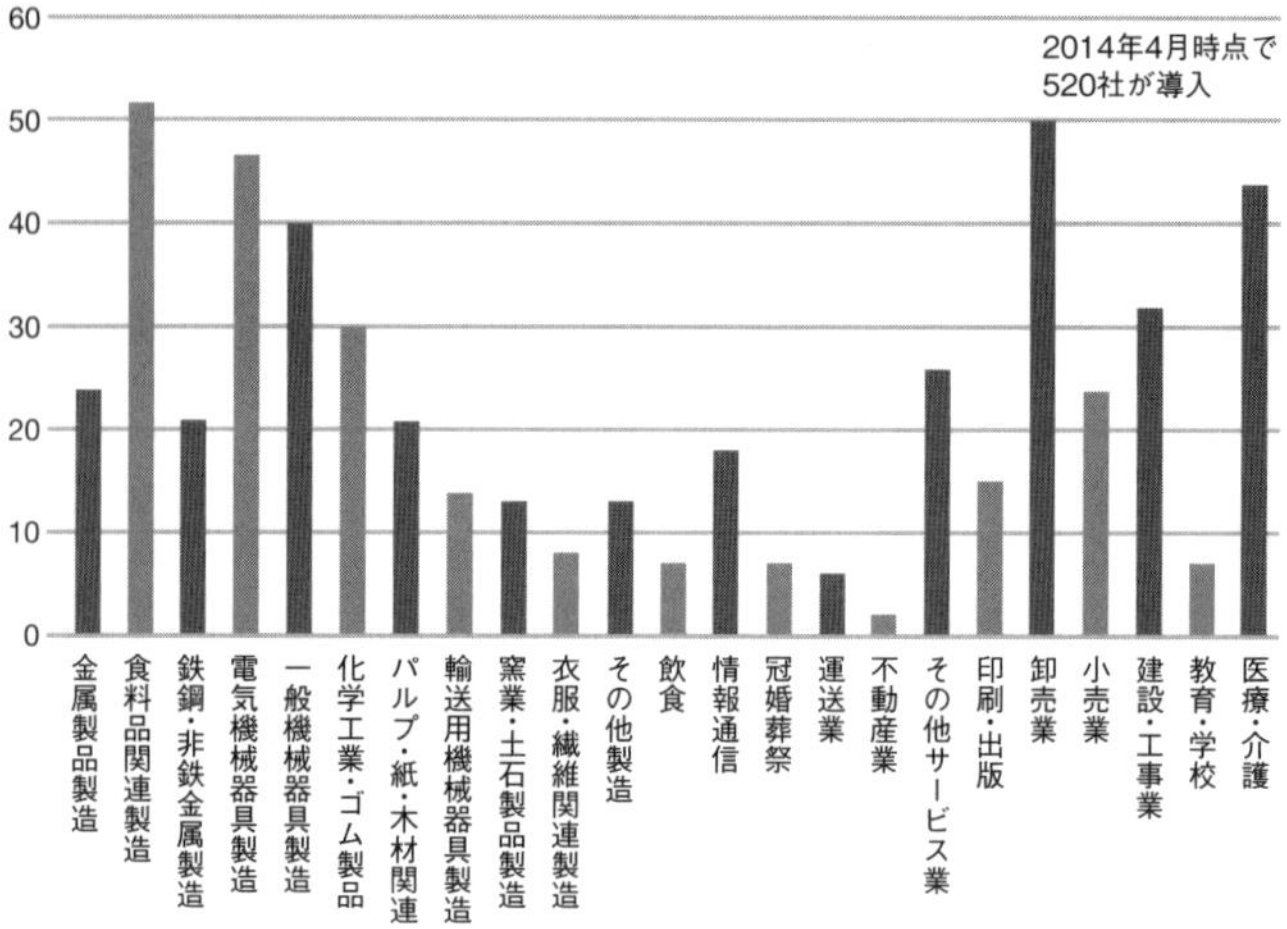

アメーバ経営は、門外不出の経営手法だったのです。

その方針が変わったのが１９８６年でした。当時私は京セラの経営管理本部の副本部長として経営管理と情報システム事業の両方を担当し、社内ベンチャーの立ち上げを検討していました。情報システムの活用だけでは大きな事業にはならない、アメーバ経営を教えるコンサルティング事業とあわせて自分がそれを担当したいと考えていました。そこで稲盛さんに「アメーバ経営を教えてほしいという要望をたくさんの企業からいただいています。京セラも今では売上３０００億円の企業です。経営のやり方を真似されてもびくともしない、強固な基盤が確立しています。ヤシカやサイバネット工業を京セラに合併する際にも経営管理手法として大きな力を発揮したアメーバ経営を、そろそろ世の中のお役に立ててもよいのではないかと思っています。ぜひやらせてください」と説得しました。そうしたところ、「おまえ、なかなか良いことを言う。アメーバ経営を教えてもよろしい」と許しを得ることができました。現在では、京セラコミュニケーションシステム（ＫＣＣＳ）の子会社であるＫＣＣＳマネジメントコンサルティング（ＫＣＭＣ）が、アメーバ経営のコンサルティング事業を手がけています。製造業だけでなく、卸売業、小売業、建設業から病院、介護施設まで業種は多種多様にわたり、その多くは中小企業です。おかげさまでアメーバ経営の導入企業は５２０社（２０１４年４月現在）に達しています。

導入企業の中で、最も規模が大きいのが日本航空（ＪＡＬ）です。

２０１０年、経営破綻したＪＡＬの再生請負人として、稲盛さんに白羽の矢が立ちました。稲盛さんのところに日本政府と企業再生支援機構から、ＪＡＬの経営再建を引き受けてほしいと打診があったのが、２００９年の暮れでした。

私は稲盛さんに呼び出され、「私が再建をやるからには、これまで自分で実践したこと、フィロソフィとアメーバ経営をやるしかない。一緒にやってくれるか」と誘われたのです。その頃、企業再生支援機構には、噂を聞きつけた国内外の超一流コンサルティング会社から、ＪＡＬ再建を手伝いたいという申し出が山のように来ていたようです。世界の最新の経営手法がたくさんある中で、企業再生支援機構が選んだのが、稲盛さんであり、アメーバ経営だったのです。

ＪＡＬ再建の詳細については、次章で紹介します。再建当時は周囲から二次破綻を危ぶむ声も聞かれましたが、稲盛さんの経営改革とＪＡＬの社員たちの血のにじむような奮闘、そして取引先企業の協力、国民の皆さまの応援によって、ＪＡＬは高収益企業に生まれ変わりました。社員一人ひとりの仕事に取り組む姿勢や企業風土そのものが見違えるほど良くなったという評価も多数いただき、企業経営者のみならず、国民の皆さんからも大いに注目を集めています。再建の原動力となったフィロソフィとアメーバ経営も脚光を浴びました。

国内のみならず海外の企業も、ＪＡＬ再建の成功に関心を寄せています。中でも、最近では、中国の企業からの問い合わせが増えています。

これは個人的な見解ですが、この10年ほどで急速な経済成長を遂げた中国では、米国流の利益第一主義、とりわけ成果主義で経営を推し進め、短期的には成功を収めました。しかし、その反動で組織が疲弊して人材流出が起きたり、売上の伸びの鈍化から脱せなかったりと、何らかの限界を感じている企業が増えているように思います。さらなる成長を実現するにはどうしたらいいのか、その答えを見いだそうと注目しているのが、アメーバ経営なのです。

日本には稲盛さんから直接経営を学ぶための経営勉強会組織「盛和塾」があり９０００人

近くの会員を擁していますが、実は中国にも盛和塾の塾生がたくさんいます。その方々を中心に２０１２年、アメーバ経営セミナーを開催したところ、現地の多くの中小企業経営者から反響があり、今では7社がアメーバ経営を導入しています。このような海外企業のアメーバ経営の広がりに関しては、第5章で詳しく述べます。

アメーバ経営導入のメリット

アメーバ経営導入の一番のメリットは何と言っても、会社の隅々のことまで数字でわかることです。経営者にとってこんなにうれしいことはありません。また、社内のリーダーの人たちにとっても、自分の仕事の結果がすぐにわかるようになる。仕事の価値判断の中心は利益です。自分はこれだけの利益を出した、あるいは損失を出したことが、導入前までは漠然としていたわけです。それが明確にわかるということは、うれしい半面、もちろん苦しさもある。でも、アメーバのメンバーと知恵を絞って採算を好転させたときの喜びは、格別なものがあります。

具体的な採算目標が身近にあり、結果がすぐにわかれば、誰でもやる気になります。一般の企業の製造部門では、「1日に○個作る」「不良品率を○％以下にとどめる」「原価を○％

低減する」といった目標が設定されます。これを達成したとしても、会社として最も大事な利益の創出に自分たちがどれだけ貢献できたかは不明確です。アメーバ経営では、「自分たちは○万円の利益を出した」とはっきりわかります。このわかりやすさこそ重要なのです。

アメーバ経営を導入すると社員たちは、ゲーム感覚で目標達成に取り組むようになります。月末で数字を締めると、その月の採算目標を上回ったか下回ったか、つまり勝ち負けがわかる。スポーツもそうですが、勝ち負けがはっきりとわかると興味や関心が長続きするという、心理的なプラス効果もあるのです。

さらにアメーバ経営を導入すると、社員間のコミュニケーションが活発になります。同じアメーバ内のメンバーとはもちろん、他部門とも助け合わないと採算を向上できないので、社員間のコミュニケーションは緊密になります。また経営感覚を持った人材が育つことも大きなメリットです。

アメーバ経営では、利益の確保が最優先課題です。各アメーバリーダーは、常にどうやって利益を上げるかを考えています。生産量を上げればそれに伴い利益も上がるので、顧客から注文を取ってくる営業部門に発破をかけたり、受注単価が下がった場合には利益を確保するために生産効率を上げたり、製造部門の材料費を引き下げるために購買部門に相談に行ったりする。リーダーが打つ手はいろいろ考えられます。アメーバリーダーは経営者なのです。

通常の製造業の企業だと、品質や生産性の向上を現場に任せることはあっても、材料費や受注価格などに関して注文を出す権限を認めているケースはほとんどありません。アメーバリーダーは採算の向上という使命を負っているので、活動範囲も広がります。おのずとリーダーシップが醸成されていきます。

講演などでよくこういう話をします。一般の企業では、部長になった瞬間に、今日から部署の採算をしっかり見てくれと言われ、ほとんどの人は戸惑います。しかし、アメーバ経営では、係長や主任クラスのときから、部署が目標通りの利益を達成することは自分の責任と考えるように育てられるわけです。

私はリーダーになった人たちには、「まず、自分の部下を幸せにしろ」と言います。そして「部下に夢を与えることも大事だぞ」と伝えます。中には「私に夢がないのに、どうして部下に夢を与えられるんですか？」と聞いてくるリーダーもいます。そんなときはこう答えます。

「そんな難しいことを考えちゃいかん。今月に２０００万円の仕事をしているんだったら、半年後にはみんなで２５００万円の仕事にしていこうとか、そのうち３０００万円にしようとか、そういうことでいいんだよ」

こう言うと、真面目なリーダーほど「でも、２５００万とか３０００万にする方法がわか

図表1-10　アメーバ組織のイメージ

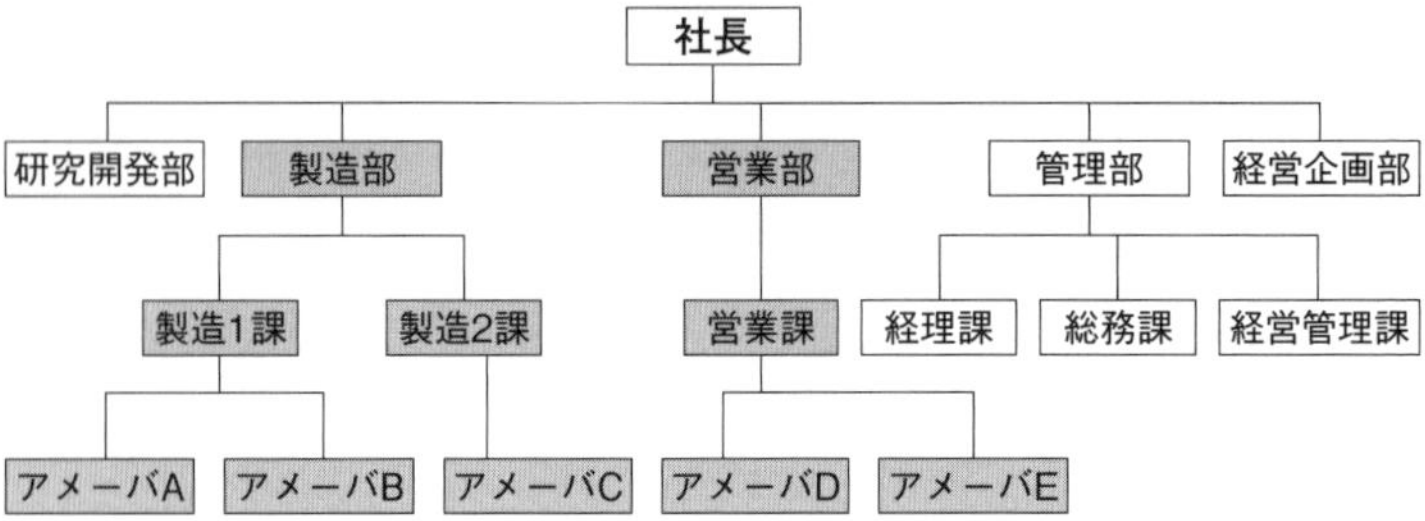

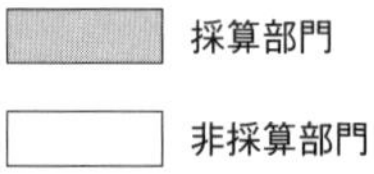

採算部門がアメーバ組織化の対象。アメーバは5〜10人の小集団で、製造業では製品別または工程別に形成することが多い。非採算部門の経費は各アメーバに割り振られる。

らないのに、そんなことを言っていいんですか？　それがわかっていればとっくにやっていますよ」と聞き返してくる。

「いや、そう言えばいいんだよ、夢なんだから。方法はみんなで一緒に考えようじゃないかと。夢も何もないリーダーよりは、はるかに楽しいリーダーと思われるはずだし、部下は夢のある上司についていきたいと思うものだよ」

　現状に満足せず、さらなる高みを目指すということが、これからのリーダーの欠かせない資質と言えます。これもスポーツと同じで、もう自分の記録はこのあたりでいいやと思った瞬間に、他の競争相手にどんどん抜かれていきます。企業も同じです。競争相手が自分たちよりも安くていい製品を作ってマーケットを奪っていく不安が、いつも付きまとっているわけです。だからこそ、リーダーは常に競争相手の先を行くように、現状に満足せず高みを目指さなければなりません。

アメーバ経営導入の基本的な考え方

ここからは、企業にアメーバ経営を導入する際の基本的な考え方について解説していきます。

アメーバ経営とは、組織を5～10人に小集団（アメーバ）に分けることから始まるのですが、「アメーバ組織をどのように作っていくのかということは、アメーバ経営の始まりであり、終わりである」と稲盛さんが語っているほどで、大変重要なテーマです。

アメーバ経営導入時には、企業の組織を、収益を稼ぎ出す採算部門と、間接部門を中心としたコストセンターである非採算部門の二つに分けます。アメーバ組織は採算部門において形成します。非採算部門のコストは、採算部門のアメーバに割り振られます。

図表1－10は製造業の会社にアメーバ経営を入れたときの組織イメージで、アメーバを形成する対象は、収益に直接関わりのある採算部門の、営業部門と製造部門です。アメーバの分け方は次の三つの条件を満たすことが基本です。

第一の条件は、切り分けるアメーバが独立採算組織として成り立つために、「収入を明確にでき、かつ、その収入を得るために要した費用を算出できること」。アメーバ経営の根幹の一つは「部門別独立採算」です。何らかの収入がなければ、独立採算で組織を運営することはできません。そのため、組織を分けた場合、そこに収入があるかどうかがキーポイントになります。第二の条件は、「最小単位の組織であるアメーバが、ビジネスとして完結する単位となること」、第三の条件は、「会社全体の目的、方針を遂行できるように分割すること」です。

製造業では製品別か作業工程別に形成するのが一般的です。アメーバ単位で収入や支出を管理するので、あまり細かく分けすぎると、管理が煩雑になり、単位が大きすぎると収支を把握するのが難しくなります。アメーバを形成する場合、その判断が重要になります。

現状の組織では先の3条件を満たすことができないときには、アメーバ経営導入を機に組織改編を行うこともあります。次章で紹介するＪＡＬはその典型例でした。

アメーバに「収入」と「支出」の責任を持たせる

アメーバ経営では、収入の捉え方が一つの重要なポイントになります。通常、製造業では顧客に製品を販売したら、製品の収入は営業部門に計上されます。しかし、それでは製造部門は、ただのコストセンターになってしまいます。

　メーカーでは製造部門にこそ、工夫次第でいくらでも利益を生み出すことができる宝の山が眠っています。ここに採算意識を持ってもらうことで利益を生むための創意工夫がこらされ、業績が改善していくのです。製造部門は生産性の向上とコスト削減に日々努め、営業部門は製造部門の生産性向上で生まれた余剰の生産能力を無駄にしないために受注に励みます。

　アメーバ経営のこうした仕組みが優れているのは、製造現場がマーケットプライス（市場価格）で動くことです。まず市場価格ありきで、それをいかに実現できるか、製造現場では営業担当者と緊密に連絡を取り合いながら日々知恵を絞ります。また、マーケットプライスが下がれば、利益を確保するために、コスト削減の強化や生産性向上に取り組み、どうしても利益が見込めない場合は撤退も検討します。一流と言われている大企業でも、その製品が赤字を出していることに気づかず、ずっと作り続け、決算の時期にようやくそれが判明し、巨額の赤字計上を発表して社内が騒然となる、ということが起きています。アメーバ経営では決してあり得ないことです。

　製造現場がマーケットプライスで動くことによって、利益に対する意識と責任が生じてきます。一般には、製造部門をコストセンター、営業部門をプロフィットセンターと位置づけている企業が多く、利益責任を負うのは営業部門だけで、製造部門は目標原価をひたすらに守ろうとしますが、いったん決められた目標原価はマーケットプライスの変化にすばやく対応させて変更することが難しく、価格変動が激しい今の時代においては、利益の確保は難しいと言わざるをえません。製造部門が市場の変化をよくウオッチしながら原価もすばやく変えて利益を確保するために動くべきではないかというのが、われわれの考え方です。

そのため原価計算も製造アメーバが行います。一般的に製造業では、マーケットとは縁遠い経理部が過去の原価情報をもとに原価計算をし、原価が前期の○%減となるように指示を出し、製造現場ではその金額の達成が目標となります。営業部門はその原価にマージンを乗せて販売します。しかし、こうした標準原価方式だと、どうしても動きが遅くなってしまいます。そのため、今まで利益の出ていた製品が、価格の下落で突然儲からなくなっても、それに気づかずに作り続けてしまう、ということが起きるのです。

製品の値段は、顧客が決めるものです。顧客にいらないと言われたらそれまでであり、そもそも価格は、原価を積み上げマージンを乗せて決まっていくものではありません。顧客がその価格だったら購入するというマーケットプライスがまずあり、メーカーはそれを前提にどのように製造すれば利益を確保できるのかを考えていかなければなりません。

また、一般の企業では、販売価格や利益管理を営業部門のごく一部の人たちが深く考えることなく行っているケースも少なくありません。しかし、企業の提供する製品やサービスの利益額は、値決めによって大きく左右されます。値決めこそ会社の業績を左右する一大事で、営業部門が「売れないから値段を下げてしまえ」と勝手に決めてしまっていいものでは断じてありません。稲盛さんの言葉に「価格を決定するとき、顧客が喜び、売り手も満足するポイントはたった一点しかない」というのがあります。その一点がどこにあるのか、それを決めるのは経営者しかいません。経営者が製造や営業などから意見を聞き、意思決定すべきことです。これが稲盛さんの言う「値決めは経営」という言葉の意味です。

今の時代、マーケットプライスは激変します。そこにいかにすばやく対応できるかが、生き残りのカギを握ります。「製造部門と営業部門の仲が悪くて困る」という悩みを他の経営者からよく聞くのですが、アメーバ経営では、営業部門と製造部門は運命共同体であり、おのずと関係は良好になります。

社内売買価格はマーケットプライスをもとに決まる

前述したように、アメーバ間で製品が動く場合には、社内売買制度によって、売りと買いが発生します。その際の社内売買価格はどう決めればいいのでしょうか。

図表1-11　社内売買の仕組み

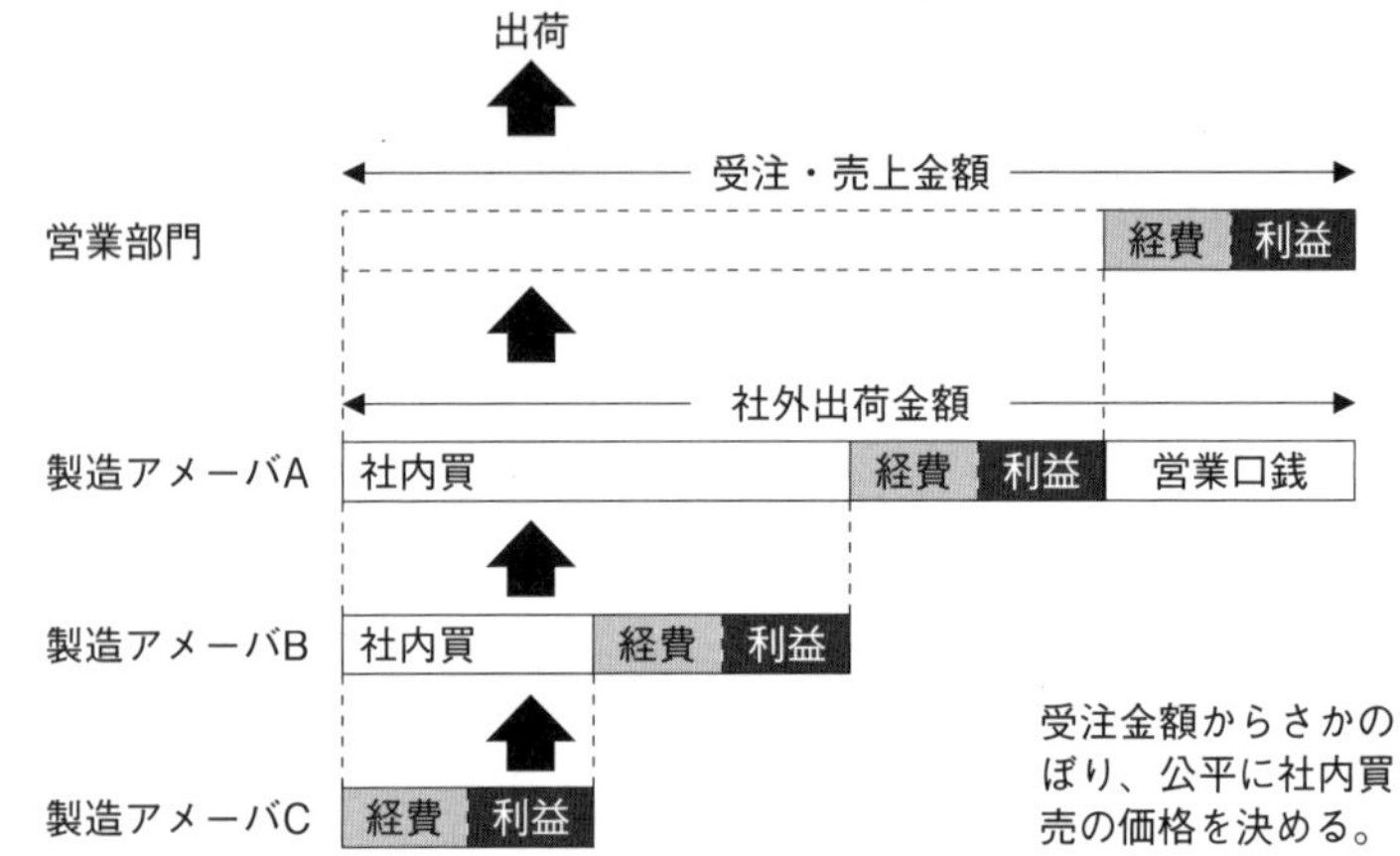

たとえば、あるメーカーで製造部門にA、B、Cという三つの工程があるとしましょう。まず前工程のアメーバCは、購買部経由で原材料を仕入れ、製品の一部を製作します。それを中間工程のアメーバBに販売します。アメーバBはCから半製品を仕入れて加工を行ったあと、後工程のアメーバAに売ります。アメーバAは製品を完成させ、期日までに倉庫に納めます。あとは顧客に納品すれば取引完了です。社内売買の価格は、アメーバ間の交渉によって決まります。

たとえば、京セラのように受注生産方式の企業の場合で、営業部門のアメーバが、顧客から1000万円で製品を受注しようとしているケースを想定してみましょう。営業アメーバは受注の見込み段階から事前に製品出荷を行うアメーバAと、予想される受注数量や価格などの相談し、見積もりを作成して顧客に提示します。製造部では、アメーバAを中心に、アメーバB、Cと三者で社内取引の価格を協議して決めます。その際、アメーバリーダーは、コスト削減、生産性のアップによりどのくらいの利益を確保できるのか、ある程度のめどをつけていなければなりません。顧客から発注の内定が取れた段階で、製造アメーバが生産に着手します。

それぞれのアメーバの収入を見ていくと、営業アメーバは、受注金額の一定割合を営業口銭として受け取ります。仮にその割合が5％なら50万円が収入です。また、アメーバCの生産高はアメーバBへの社内販売額、アメーバBの生産高はアメーバAへの販売額、アメーバAの生産高は受注金額と同じ1000万円となりますが、その中には、営業部門に支払う口銭も含まれています。このように、社内取引の価格がマーケットプライスで決まり、その価格に基づいてアメーバ間で売買が行われます。

サービス業にも社内売買の考え方を適用

製造業の場合、社内売買の仕組みは比較的想像がつきやすいのですが、サービス業では、製造業のようにモノを生産する工程はありません。そのため、社内売買と言ってもピンと来

図表1-12 院内協力対価の仕組み

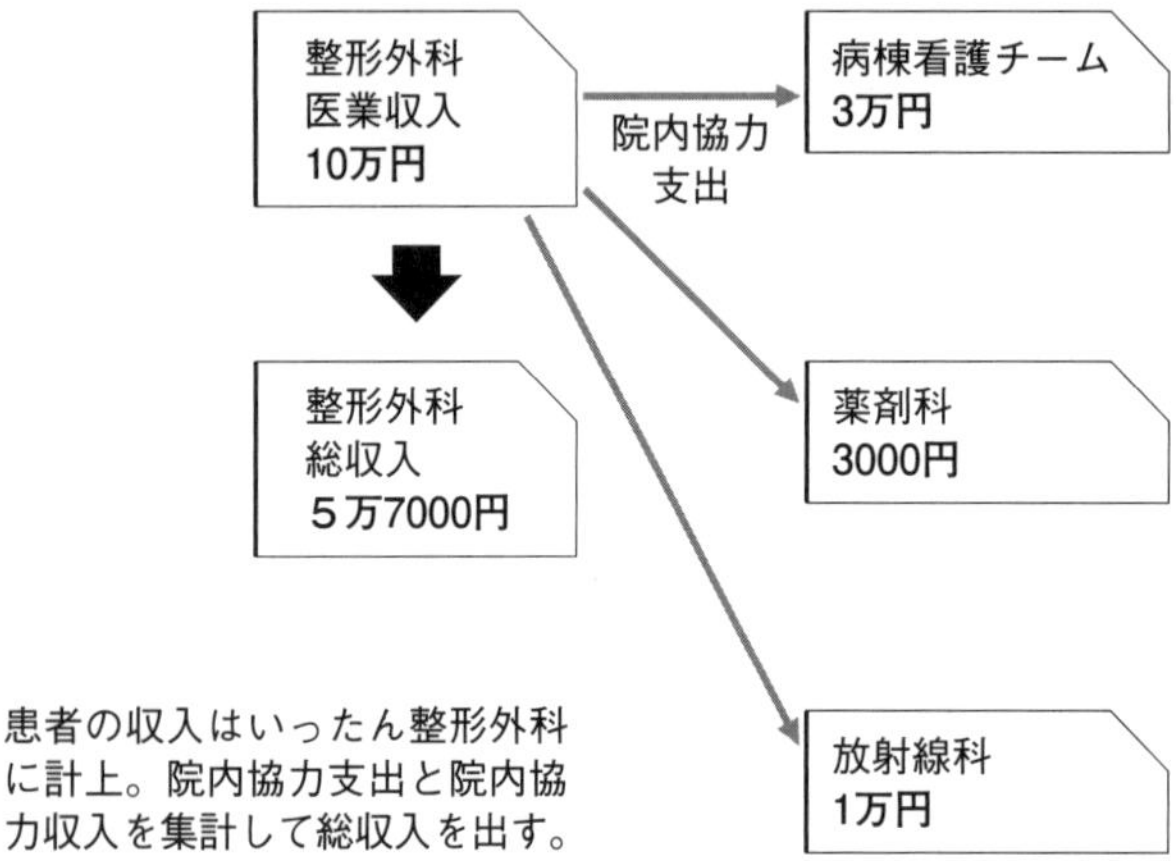

患者の収入はいったん整形外科に計上。院内協力支出と院内協力収入を集計して総収入を出す。

ないかもしれません。ですが、サービス業にも採算部門があり、さまざまな部署の協力によって、売上が作られています。それを一つの取引過程としてとらえると、製造業と同じように社内売買の仕組みを構築できます。

　たとえば、医療機関を例にしてみましょう。実は、病院に初めてアメーバ経営が入ったのは8年ほど前です。今では導入事例が30を超え、そのほとんどで黒字経営を実現しています。日本では、医療行為の単価は診療報酬という形で国によって決められています。企業では社内売買をする際、取引価格を決定しなければなりませんが、医療の世界では国が診療行為から医療材料まできめ細かく価格を決めてくれているので、院内取引という制度はなじみやすい。これは病院にアメーバ経営を導入して、初めて気がついたことでした。

病院の採算部門は内科、小児科、外科などの診療科で、それぞれを一つのアメーバとします。図表1－12は整形外科の例です。整形外科で診た患者の収入はいったん整形外科に計上します。患者の中には、Ｘ線やＣＴなどの検査をする人もおり、その場合には、整形外科から放射線科に対して検査に相当する金額を支払います。この価格のことを院内協力対価と名づけています。各診療科の診療を院内のさまざまな部署がサポートし、その対価を得ている、というイメージです。

社内売買価格という名でもいいのですが、サービス業ではモノが動いているわけではないので、「売買」や「取引」という言葉よりも協力対価としたほうがなじみやすいだろうということで考案しました。

各診療科では患者の状況によって、院内の他の診療科やコメディカルといわれる検査科、リハビリテーションなどに、さまざまな医療サービスの提供を求めます。これを社内取引としてみなすのです。

このように、サービス業でも、協力対価という考え方を導入すれば、社内売買の制度を活かすことができます。2章で紹介するＪＡＬでも、この協力対価という考え方を取り入れました。実はそれができたのも、病院などのサービス業で、アメーバ経営導入の実績を積んでいたからなのです。

マスタープランは必達目標

各アメーバは独立採算で運営されますが、自分の経営するアメーバが単に黒字になればいいというものではありません。事前に決められた各部門の年間の目標数値を達成することが求められます。この全社的な年間目標数値のことを「マスタープラン」と呼んでいます。

マスタープランは経営トップが部門長だけでなく現場のリーダーを巻き込みながら策定します。前年度の実績を大幅に上回る野心的な数字が掲げられることも珍しくありません。経営者が「会社をこのくらい成長させたい」という方針を決めるところからスタートし、部門長クラスが現場リーダーの意向を丁寧に吸い上げ、納得と了解を得ながら経営陣の押しつけにならないように策定していきます。アメーバ経営は、このマスタープランで策定した差引収益や時間当り付加価値は、その会社の必達目標です。

マスタープランでは、部門ごと、アメーバごとの数値も定められます。この数値はアメーバリーダーに課された必達目標であり、月が始まる前に、1カ月でどれだけの数字を達成していくか、採算表の各項目の数字を決め、書き込んでいきます。この数字のことを「予定」

図表1-13 アメーバ経営の流れ

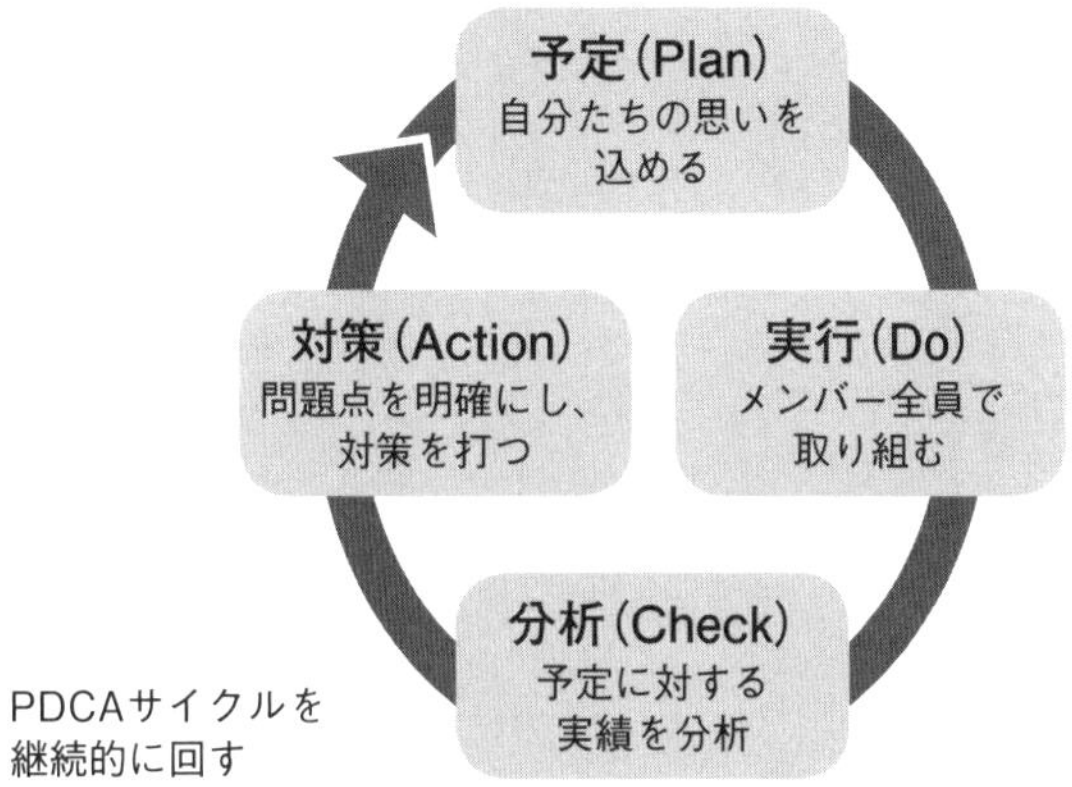
予定（Plan）
自分たちの思いを込める
実行（Do）
メンバー全員で取り組む
分析（Check）
予定に対する実績を分析
対策（Action）
問題点を明確にし、対策を打つ
PDCAサイクルを継続的に回す

と言います。

家計簿で言えば、新しい家を購入するために、計画的に貯金をするのと同じです。今後５年で頭金６００万円を貯めるには、毎年１２０万円ずつ貯金する必要があります。この毎年１２０万円の黒字を出す計画がマスタープランに当たります。月に換算すれば10万円で、これを捻出するために、家庭の奥さん（アメーバリーダー）は外食を減らしたり、電気代を節約したり、パートタイムで働きに出て収入を増やしたりとやり繰りするわけです。

ところが、突然、冠婚葬祭の出費があるなど、「予定」した範囲内に経費が収まらないときもあるでしょう。そうした誤差を調整していくには、「予定」と実際の収入・出費である「実績」の「差異」をこまめにチェックし、その原因と対策を検討するとともに、差異を挽回する方策を考え、実行していかなければなりません。

会議では数字の確認にとどまらず本人の決意を聞く

スポーツにたとえると、会社も各アメーバも年間に12回の試合をしているようなものです。毎月の月末に勝負が決まり、翌月の頭に試合結果が公式にまとまります。その結果のお披露目の場が、月初に開かれる業績報告のための経営会議です。これは会社で行う最も重要な会議の一つです。

通常、この経営会議のメンバーは社長や役員、各部門の本部長クラスです。本部長は配下の部課長と事前に、前月の収支の状況、収支の差異とその原因および対策、当月の予定などについてしっかり話し合い、決めておく必要があります。

この経営会議では、まず各本部長が実績を振り返り、当月の予定を発表します。前月の予定を達成できていれば会議はスムーズに進行しますが、下回っていた場合には、本部長はその理由と対策を示して、経営陣を納得させなければなりません。逆の立場から言うと、経営陣は本部長の説明に簡単に納得してはいけません。京セラには、一般の企業のような予算制

図表1-14 マスタープランと一般企業の「予算制度」との違い

予算制度 …… 営業を中心とした収入と全部門の経費の計画

予算で認められた経費は必ず使い切るが、売上や利益が予算通りに推移するとは限らない。

マスタープラン …… 全部門の収入、経費、利益の計画

リーダーは売上を上げ、利益を守ることが役割。経費は利益を出すためのもので、その目的が見込めなければ、マスタープランで認められていても、執行されない。

度はありません。マスタープランの中で今年の経費予定額が科目別に決められますが、これはあくまでも予定に過ぎません。売上増による差異の挽回が難しい場合には、経費の出費予定をストップすることも、当然選択肢に入ってきます。

一般の企業の予算というのは不思議なもので、経費に関しては決めた通りにどんどん消化していくのに、売上や利益に関してはぶれても仕方ないという運用がなされているところが多い。経費の予算は、その部署の権利みたいになっているわけです。しかも、全部消化しないと翌年度に減らされるので、売上は予算に達していないのに経費はすべて使い切るというおかしな現象が起きる。こうした予算制度の弊害が、企業の業績の足を引っ張っていることも珍しくありません。アメーバリーダーの目標の第一は、マスタープランで定めた利益計画を達成することです。

アメーバ経営を企業に導入する際、最初は会議のやり方が、導入先の経営者もわかっていないので、私たちが会議に入ってリードしていきます。経営者として一番大事なのは、何としても目標を達成しビジョンに一歩でも近づきたいという思いと夢を語って、現場の士気と目標達成への緊張感を高めることです。夢を語り部下を心酔させることができて、初めて一人前の経営者と言えるのです。

その次に重要なのが、実績や予定に対する質問です。質問の形式も、収支分析や対策がしっかりできているかを部門長に確認するだけでなく、「あなたはどうしたいのか」と本人の決意やリーダーとしての思いまで聞いていくことが欠かせません。単なる「報告」から「決意表明」になるように、「もっとこういう考え方で取り組んでほしい」と経営者が誘導していく。単に採算が合えばいいのではなく、その月の目標を達成しても「社長はもっと上を目指しているんだな。自分たちが会社に貢献するために、あと半年で時間当りを○○円上げよう」と、現状に満足せずさらに上を目指したいとリーダーが思ってくれるかどうかが勝負なのです。その思いは、部門長やアメーバリーダーを通じて全社員に浸透していきます。

アメーバ組織運営の心得とは

アメーバ経営では、各アメーバの売上高、利益の合計が、その会社全体の売上高、利益と同じになります。各アメーバには毎日、概算の収支の実績が伝えられるので、月の後半ともなればリーダーが月初に立てた予定の達成に向けて順調かどうかが見えてきます。つまり、リアルタイムで経営数値が現場に伝わるわけです。もし順調でなければ、アメーバリーダーを中心に利益を増やす方法を考え、実行していくしかありません。リーダーとなるのは、現場の係長や主任クラスの人たちです。利益を増やす方法は、三つあります。それは、①売上を増やす、②経費を減らす、③時間を減らす（時間当り付加価値を上げる＝生産性を上げる）。

彼らはアメーバのメンバーとともに、これら三つの方面から創意工夫に励みます。その積み重ねによって経営感覚を持った人材が育成されていくのです。

アメーバ経営では、経費に関してマスタープランで認められても、そのアメーバの利益状況や事業の環境によっては実行が認められないこともあります。あくまでも予定であって、状況が変われば予定も変わります。

アメーバリーダーは、小さな組織とはいえ、しっかり経営していかなければなりません。こうした現場のリーダーたちを育てるのに役立つのが、京セラグループで長年培ってきた経営哲学です。代表例が「稲盛経営12カ条」と「六つの精進」です。

経営12カ条は重要な順に並んでいます。第1条「事業の目的、意義を明確にする」は、京セラグループで言えば、経営理念の「全従業員の物心両面の幸福を追求すると同時に、人類、社会の進歩発展に貢献すること」がこれにあたります。

図表1-15 稲盛経営12カ条

第1条 事業の目的、意義を明確にする

公明正大で大義名分のある高い目的を立てる。

第2条 具体的な目標を立てる

立てた目標は常に社員と共有する。

第3条 強烈な願望を心に抱く

潜在意識に透徹するほどの強く持続した願望を持つこと。

第4条 誰にも負けない努力をする

地味な仕事を一歩一歩堅実に、弛《たゆ》まぬ努力を続ける。

第5条 売上を最大限に伸ばし、経費を最小限に抑える

入るを量って、出ずるを制する。利益を追うのではない。利益は後からついてくる。

第6条 値決めは経営

値決めはトップの仕事。お客様も喜び、自分も儲かるポイントは一点である。

第7条 経営は強い意志で決まる

経営には岩をもうがつ強い意志が必要。

第8条 燃える闘魂

経営にはいかなる格闘技にもまさる激しい闘争心が必要。

第9条 勇気をもって事に当たる

卑怯な振る舞いがあってはならない。

第10条 常に創造的な仕事をする

今日よりは明日、明日よりは明後日と、常に改良改善を絶え間なく続ける。創意工夫を重ねる。

第11条 思いやりの心で誠実に

商いには相手がある。相手を含めて、ハッピーであること。皆が喜ぶこと。

第12条 常に明るく前向きに、夢と希望を抱いて素直な心で

第5条「売上を最大限に伸ばし、経費を最小限に抑える」は本書にすでに登場しました。売上を3割伸ばすチャンスがあるときに経費も同じように伸ばしてしまうと、結局儲からなくなってしまいます。しかも、多くの企業では経費予算は一度認められるとその部署の権利のようになっていて着実に消化されていくので、予想通り売上が伸びないときは赤字になる。こういう過ちを企業は犯しがちです。

「売上最大、経費最小」。非常に単純ですが、経営の核心を突いた言葉です。徹底して実践すると、利益はどんどん増えていきます。

第6条「値決めは経営」も既出です。価格をいくらにするかによって売れ行き、利益率がまったく変わってしまいます。値決めを間違えると、経営はうまくいきません。アメーバ経営では、採算部門はマーケットプライスで動いています。ですから、各アメーバリーダーは原材料や外注加工の価格、ライバル商品の値段など、価格を左右する情報にアンテナを張り、敏感でなくてはなりません。社内取引で他のアメーバリーダーと価格交渉する際には、価格決定の参考になる情報が欠かせないからです。

第8条の「燃える闘魂」の文言を見て、違和感を覚えた人がいたかもしれません。経営者には凄まじいほどの戦う勇気、闘魂が必要です。経営を続けていく中では、「行くも地獄、退くも地獄」という修羅場に出くわすこともあります。従業員を守りながらそんな厳しい状

図表1-16 六つの精進

1 誰にも負けない努力をする

仕事に惚れ込み、夢中になり、人並み以上の努力をすることが、すばらしい結果をもたらしてくれる。

2 謙虚にして驕《おご》らず

成功する人とは、内に燃えるような情熱や闘魂を持っていながら、謙虚で控えめな人物。成功しても謙虚さを忘れてはならない。

3 反省のある毎日を送る

「傲慢ではなかったか」「人に不快な思いをさせなかったか」「卑怯な振る舞いはなかったか」「利己的な言動はなかったか」と毎日振り返り、人として正しいことを行えたか問いかけてみる。こうした日々の反省が悪い心を抑え、良い心を伸ばしてくれる。

4 生きていることに感謝する

人は自分一人では生きていけない。自分を取り巻くあらゆるものに支えられて生きている。今あることに素直に感謝し、その思いを「ありがとう」という言葉や笑顔で周囲の人たちに伝える。そのことが、自分だけでなく、周りの人たちの心も和ませ、幸せな気持ちにしてくれる。

5 善行、利他行を積む

世の中には因果応報の法則があり、善きことを思い、善きことを実行する。善きこととは、優しさ、正直さ、誠実さ、謙虚さなど、人として最も基本的な価値観。毎日積み重ねていけば、運命をよき方向へ変えることができる。

6 感性的な悩みをしない

誰でも失敗する。間違いを繰り返して人は成長するのだから、十分反省した後はくよくよせず、新たな道を歩み始めることが大切だ。

況を切り抜けるには激しい闘志が欠かせません。その一方で、リーダーたる人間には、心の根底にやさしい思いやりと誠実な心がなければなりません。それを示しているのが第11条です。

経営12カ条と六つの精進は、経営者である以前に人としてどうあるべきかを示したものです。経営者やリーダーとして大成するには、こうした価値観、倫理観を持ち、人格的にも優れていなければ人の上には立てない、と考えています。

アメーバ経営を支える「フィロソフィ教育」

前述したようにアメーバ経営では、アメーバリーダーがマスタープランに基づいて設定した利益の必達目標を持っています。リーダーが利益を出そうとすることは重要なのですが、そこにばかり気を取られていると、会社全体にとって不利益になることも起こりえます。

社内売買を行ううえで大切なこととして、稲盛さんはこのように言っています。

> アメーバ経営では、最終販売価格はマーケット価格に直結していますので、毎月のように下がる販売価格からさかのぼって適正な社内売買価格を決めなければ、うまく運用

できません。

そうしますと、各部門の責任者は自部門の採算と利益を非常に重視しますので、原料部門の人はなるべく高く原料を売ろうとしますし、逆に成形部門の責任者はなるべく安く原料を買いたいと思います。同様にすべての部門が、前工程から安く買いたい、後工程に高く売りたいと考えますので、この間で必ず揉めるわけです。

そういう場合に、それぞれの責任者によっては、気性の激しい人、声の大きい人、そういう人たちが前工程の者を脅したり、後工程の者を脅したり、もっと高く買わせたり、安く買ったりというようなことをします。そのようなことを防ぎ、フェアな経営をしていくのには、やはり責任者の人間性が大事になっていきます。

各部門が売り買いをするにしても、会社経営全体をするにしても、人間ができていなければならないということです。何が正しいのか、何がフェアなのか、それが常に問われます。

出典『アメーバ経営学』（ＫＣＭＣ）より

京セラグループでは、この判断の基準を、物事の損得で判断するのではなく、善悪で判断すること、つまり「人として正しいか」という道徳観と倫理観に置いています。このことが

「京セラフィロソフィ」としてまとめられ、教育によって全従業員に浸透させています。この京セラフィロソフィは、企業人として、一個人として、会社として、こうあるべきという姿と、そこに到達するための行動規範です。仮に「自分さえよければいい」という態度が見える社員がいたなら、京セラグループでは「リーダーの資質に欠ける」と評価されるでしょう。

京セラグループの経営理念は、「全従業員の物心両面の幸福を追求すると同時に、人類、社会の進歩発展に貢献すること」です。物心両面の幸福の追求とは、給与や賞与などの経済的な安定と、仕事を通じての自己実現を通して得ることができる生きがいや働きがいなど、心の豊かさを求めていくことを指します。この経営理念を浸透させるために、稲盛さんが日々の業務の中で、ことあるごとに社員に話し聞かせた言葉をまとめたのが「京セラフィロソフィ」です。

京セラフィロソフィは基本的に非公開です。その理由は、自社のフィロソフィは自社で創り出すものだからです。しかし、それではイメージが湧かないと思いますので、図表1-17と1-18にエッセンスとなるフィロソフィと、解説を載せました。

京セラフィロソフィの代表的な項目に、「人生の方程式」があります。これは「人生・仕事の結果」は「考え方×熱意×能力」という計算式で表されるという意味です。

たとえば、ここに頭が大変に良く、才能もあるAさんという人がいたとしましょう。しかし、自分の能力を過信しているAさんは仕事に熱心に取り組まないため、能力の評価は90点をつけられるが熱意はせいぜい40点どまり。この二つの評価を掛けると３６００点になります。一方、能力は60点くらいだが仕事に熱心に取り組むBさんはどうでしょうか。朝早くから夜遅くまで働き、自分の仕事を何とかすばらしいものにしたいと普段から口にしていて、その努力するさまは周りの人が感心するほどで、熱意の評価は80点です。すると結果は４８００点になります。つまり能力で劣るBさんの点数のほうが高いのです。

- 反省ある人生をおくる
- 純粋な心で人生を歩む

京セラでは一人一人が経営者

- 値決めは経営である
- 売上を極大に、経費を極小に（入るを量って、出ずるを制する）
- 日々採算をつくる
- 健全資産の原則を貫く
- 能力を未来進行形でとらえる
- 目標を周知徹底する

日々の仕事を進めるにあたって

- 採算意識を高める
- 倹約を旨とする
- 必要なときに必要なだけ購入する
- 現場主義に徹する
- 経験則を重視する
- 手の切れるような製品をつくる
- 製品の語りかける声に耳を傾ける
- 一対一の対応の原則を貫く
- ダブルチェックの原則を貫く
- ものごとをシンプルにとらえる

図表1-17　京セラフィロソフィの内容例（その１）

経営のこころ

・心をベースとして経営する
・公明正大に利益を追求する
・原理原則にしたがう
・お客様第一主義を貫く
・大家族主義で経営する
・実力主義に徹する
・パートナーシップを重視する
・全員参加で経営する
・ベクトルを合わせる
・独創性を重んじる
・ガラス張りで経営する
・高い目標をもつ

すばらしい人生をおくるために

◎心を高める

・「宇宙の意志」と調和する心
・愛と誠と調和の心をベースとする
・きれいな心で願望を描く
・素直な心をもつ
・常に謙虚であらねばならない
・感謝の気持ちをもつ
・常に明るく

◎より良い仕事をする

・仲間のために尽くす
・信頼関係を築く
・完全主義を貫く
・真面目に一生懸命仕事に打ち込む
・地味な努力を積み重ねる
・自ら燃える
・仕事を好きになる
・ものごとの本質を究める
・渦の中心になれ
・率先垂範する
・自らを追い込む
・土俵の真ん中で相撲をとる
・本音でぶつかれ
・私心のない判断を行う
・バランスのとれた人間性を備える
・知識より体得を重視する
・常に創造的な仕事をする

◎正しい判断をする

・利他の心を判断基準にする
・大胆さと細心さをあわせもつ
・有意注意で判断力を磨く
・フェアプレイ精神を貫く
・公私のけじめを大切にする

◎新しいことを成し遂げる

・潜在意識にまで透徹する強い持続した願望をもつ
・人間の無限の可能性を追求する
・チャレンジ精神をもつ
・開拓者であれ
・もうダメだというときが仕事のはじまり
・信念を貫く
・楽観的に構想し、悲観的に計画し、楽観的に実行する

◎困難に打ち勝つ

・真の勇気をもつ
・闘争心を燃やす
・自らの道は自ら切りひらく
・有言実行でことにあたる
・見えてくるまで考え抜く
・成功するまで諦めない

◎人生を考える

・人生·仕事の結果＝考え方×熱意×能力
・一日一日をど真剣に生きる
・心に描いたとおりになる
・夢を描く
・動機善なりや、私心なかりしか
・小善は大悪に似たり

「人生・仕事の結果」を生み出すもう一つの要素は「考え方」です。これは０～１００点ではなく、マイナス１００～プラス１００まであります。常に否定的な目でとらえ、批判的な考え方しかしない人はマイナス評価で、常に前向きに考え、明るく、物事を何とか正しい考え方でまとめようとする人はプラス評価となります。つまり、この方程式から言えることは、考え方が一番大事だということです。もっと言えば、能力がそれほど高くなくても、考え方次第で、人生でも仕事でも大きな結果を残すことができるのです。人間としての正しい考え方を身に付けるために始まったのが、フィロソフィ教育です。

稲盛さんは京セラ創業期、成長期に遭遇したさまざまな困難を通じて、人の心ほどうつろいやすく頼りにならないものはない代わりに、ひとたび強い信頼で結ばれれば、これほど強く頼りになるものはない、と実感し、心をベースとした経営の実践を心がけました。困難に直面し乗り越えるたびに、仕事や人生について自問自答し、生まれてきたのが京セラフィロソフィです。

京セラフィロソフィを一言で言えば、「人間として普遍的に正しい判断基準」をわかりやすい言葉でかみ砕いて示したものと言えるでしょう。「欲張るな」「人をだますな」「嘘を言うな」「正直であれ」。子どものころ、誰もが両親や先生から教えられた、人間として当然守るべきプリミティブで単純な道徳観や倫理観です。京セラという会社はこういう規範で経営

図表1-18 京セラフィロソフィの例（その２）

心をベースとして経営する

京セラは資金も信用も実績もない小さな町工場から出発しました。頼れるものはなけなしの技術と28人の信じ合える仲間だけでした。

会社の発展のために一人一人が精一杯努力する、経営者も命をかけてみんなの信頼にこたえる、働く仲間のそのような心を信じ、私利私欲のためではない、社員のみんなが本当にこの会社で働いてよかったと思う、すばらしい会社でありたいと考えてやってきたのが京セラの経営です。

人の心はうつろいやすく変わりやすいものといわれますが、また同時にこれほど強固なものもないのです。その強い心のつながりをベースにしてきたからこそ、今日までの京セラの発展があるのです。

利他の心を判断基準にする

私たちの心には「自分たちだけがよければいい」と考える利己の心と、「自分を犠牲にしても他の人を助けよう」とする利他の心があります。利己の心で判断すると、自分のことしか考えていないので、誰の協力も得られません。自分中心ですから視野も狭くなり、間違った判断をしてしまいます。

一方、利他の心で判断すると「人によかれ」という心ですから、まわりの人みんなが協力してくれます。また視野も広くなるので、正しい判断ができるのです。

より良い仕事をしていくためには、自分だけのことを考えて判断するのではなく、まわりの人のことを考え、思いやりに満ちた「利他の心」に立って判断をすべきです。

人生・仕事の結果＝考え方×熱意×能力

人生や仕事の結果は、考え方と熱意と能力の３つの要素の掛け算で決まります。

このうち能力と熱意は、それぞれ0点から100点まであり、これが積で掛かるので、能力を鼻にかけ努力を怠った人よりは、自分には普通の能力しかないと思って誰よりも努力した人の方が、はるかにすばらしい結果を残すことができます。これに考え方が掛かります。考え方とは生きる姿勢でありマイナス100点からプラス100点まであります。考え方次第で人生や仕事の結果は180度変わってくるのです。

そこで能力や熱意とともに、人間としての正しい考え方をもつことが何より大切になるのです。

していくのだぞと社員に宣言しているわけです。

また、フィロソフィでは、「企業が目指すべき目的、目標を達成するための考え方」「社格を備えたすばらしい会社だと信頼と尊敬を得るための考え方」「人間として正しい生き方・あるべき姿」も示しています。人間にも人格があるように、会社にも社格があると考え、人々から尊敬される高い社格を目指しています。

京セラグループでは、全従業員に「京セラフィロソフィ手帳」を配布し、さまざまな機会をとらえ、この手帳を活用してフィロソフィの浸透を図っています。手帳では、1ページに一つのフィロソフィとその解説が載っていて、グループのどの職場でもおおむね朝礼の際に、フィロソフィを一つ取り上げ、メンバー間で議論し、理解を深めています。全従業員がその意味を理解してこそ、フィロソフィを定めた意味があります。

たとえばこんな話があります。ある商品を1セット申し込まれたお客さまに対して、「1カ月後の展示会でこの商品は特別価格で販売されます。もしよろしければ、その際に購入されてはいかがでしょうか」と弊社の販売担当者が正直に伝えたところ「大変いい情報をいただいた。ありがとう」とお客さまに感謝されました。そしてお客さまは展示会に来場され、なんと2セットを購入されました。お客さまの立場になってみれば、同じ商品が1カ月後安く販売されていることに気づいたら、かなり残念な気持ちになったはずです。販売担当者が情報を正直に伝えたことで、予定の倍の数量を購入していただくことができたのです。

京セラフィロソフィでは「利他の心を判断基準にせよ」と説いています。私たちの心には「自分たちだけがよければいい」とする利己の心と、「自分を犠牲にしてもほかの人を助けよう」とする利他の心があります。利己の心で判断すると、周囲の協力も得にくくなり、自分中心なので視野も狭くなり、間違った判断をしてしまいます。私の経験から言うと、どちらかというと勉強ができる人のほうがこの傾向に陥りやすいように感じます。おそらくそういう人は自分の判断に自信があるのでしょう。

一方、利他の心で判断すると、周りの人が協力してくれるようになります。自分中心ではなく、関心が外に向くので視野が広くなり、正しい判断ができるようになるのです。

アメーバリーダーを育てていくために、フィロソフィは必須の存在です。リーダーは、自らを戒めるための、謙虚な心と倫理観を持たなければなりません。「嘘を言うな、人をだますな、正直であれ」といった小学生の子どもでもわかるようなプリミティブ（単純）な倫理観こそ、重要なのです。こう言うと、「そんなことは、いちいち言われなくても誰でもわかっている」と思われるかもしれません。

しかし、知識として知っているのと、実行するのでは天と地ほどの差があります。頭ではわかっていても、実践の場では、油断をしていると利己の心が頭をもたげてきます。だからこそ、朝礼時はもちろん、勉強会など、フィロソフィを繰り返し学べる機会を設け、フィロソフィが会社の考えではなく、社員自身のものになるまで浸透させなければなりません。

私は以前、アメリカ陸軍士官学校ウエストポイントに関する本を読みました。そこには「ウエストポイントの掟」が紹介されていました。これは「仕官候補生は嘘をついたり人をだましたり、人のものを盗ってはいけない。また、そういうものを見逃してもいけない」という内容です。最初の1年目で徹底して教えられるのが、この言葉です。これに違反したら退学となるそうです。

私はこれを見て、大変驚きました。ウエストポイントはアメリカの超一流大学で、ハーバードと並んで世界のリーダーを生み出しているのです。大統領も出ているような大学なのです。しかもそこに入るには体格、頭脳ともにすばらしいものが備わっていなければなりません。家も裕福で、スポーツで体を鍛える余裕もあった人たちが多く、アメリカの中産階級以上の人たちが占めています。このような人たちの家庭では、親が日曜日になれば子どもを教会に連れていき、牧師さんからイエス・キリストの教えや人としてどうあるべきかという教えを受けているはずですが、大学でもう一度、教え直しているのです。日本には、このようなことを教えている大学はないと思います。

京セラグループでも、公平、公正、正義、勇気、誠実、忍耐、努力、博愛といったプリミティブな価値観を大事にしてきました。このような基本を大切にしたからこそ、アメーバ経営もうまく機能しているのです。

リーダーとしてあるべき姿

アメーバ経営では、経営者も含め、リーダーはどうあるべきかが問われます。業績がいいだけではリーダーとして不十分です。人として尊敬されているか、われわれの行動規範であるフィロソフィを理解し、実践しているかが問われます。

私は初めてアメーバリーダーになった人たちに対し、その役割について二つのことを話しています。

アメーバリーダーの役割の一つめは、「部下を幸せにすること」です。では、「部下の幸せ」とは何でしょうか。それは「部下の生活を守る」ということです。このためには、リーダーと部下が一致団結して仕事に当たり、自部門の採算改善に取り組み、必ず黒字にしていく必要があります。黒字にすることで、社員に給料を払うことができ、「部下の生活を守る」ことになるのです。

アメーバリーダーの二つめの役割は、部下に「やりがい」と「夢」を与えなければならないということです。それは売上を増やす、利益を増やすというような目標だけでなく、たとえば店舗では、常に整理整頓を心がけて、どこよりもきれいな店舗にするというような小さな目標で構いません。そのような目標に向かって取り組むことが、部下の成長につながり、皆が幸せを感じるようになるのです。そして、「部下が実現したいと思う夢を与える」ことです。人は生きていく中で夢や希望があると力が湧いてきます。そして、その夢を実現したいという思いを持てば気力や活力がみなぎってきます。

もう一つ私がリーダーに期待するのは〝管理者〟から〝集団を守る真のリーダー〟に変化してほしいということです。ＪＡＬの植木義晴社長もおっしゃっていますが、ＪＡＬでは、意識改革が進む中で、管理者の考え方も変わっていきました。ＪＡＬではじめてグループの管理職に就くと、少ない部門で10人程度、多い部門で40人ほどの部下を持つことになります。以前そこでやっていたことは、まさに〝管理〟でした。上から出てきた指令を受けて、部下に伝え、やらせる役割です。これが、再建の途上で変化していきました。今、管理職に期待されるのは、トップの意思を理解して、部下をしっかり束ね、リーダーとして組織をあるべき方向に動かしていくことです。〝管理者〟ではなく、組織を守り、率いる〝リーダー〟に。こういうリーダーが育ってくれれば、それは本当に心強い限りです。

このような内容をリーダーに何度も繰り返し教え、自ら取り組んでもらっています。

第2章

JAL再生の原動力になったアメーバ経営

Promoting Profitable Growth by the Amoeba Management

ＪＡＬ再建を打診される

私は２０１０年１月から、ＪＡＬの管財人代理、そして副社長として2年間、稲盛さんとともに経営に携わりました。ＪＡＬという会社に入ってみての率直な感想は、素直で優秀な社員が多いな、というものでした。と同時に、「どうして優秀な社員がたくさんいるのにこんなことになってしまったんだろう」という思いがよぎりました。

２００９年12月初旬ごろ、稲盛さんは政府と企業再生支援機構から、「ＪＡＬの再生を引き受けてほしい」と要請されていたようです。再生支援機構は、再建を担う経営者として、運輸関係ではなく異業種の経営者で、内外に知名度が高く創業経験があり、なおかつ大企業の経営経験があるという3条件を満たす人が適任と考えていました。そして、その三つを兼ね備えている人物といえば、稲盛さん以外には考えられなかったといいます。

しかし、当初、稲盛さんは「航空業に関しては素人であり、私の任ではない」と断り続けていました。12月中旬、京セラ本社で会議があり、私も出席していました。会議のあと、稲盛さんに呼び出され、「ＪＡＬ再建を頼まれている。もし引き受けたらついてきてくれるか？１週間後に返事をくれ」と突然言われ仰天しました。

京セラの業務とはまったく関係のない異業種の会社の再建など引き受けないほうがいいのではないか。私は正直そう思いました。しかし、稲盛さんが行くなら、答えは決まっています。12月下旬、私は返事をするために、京セラの東京の事務所に行き、稲盛さんと会い、こう言いました。

「名誉会長がいらっしゃるなら、お供させてください」

心の中では、やめたほうがいいのではないかと思っていたので「ぜひ私にやらせてください」とまでは言えず、自分としては「消極的了解」の意思表示をしたつもりでした。

稲盛さんは笑顔でこう言いました。

「そうか、ありがとう。今から再生支援機構の方が来るので、打ち合わせに同席してくれ」

「えっ」

もう、驚きの連続でした。

１月初旬から、再生支援機構などといろんな打ち合わせがあり、最終的に２０１０年の１月13日、稲盛さんは「自分の力は及ばないかもしれないが、全身全霊で再建に当たりたい」と決断されました。そして、２月１日に、稲盛さんと私と、稲盛さんの秘書として長年務めていた大田嘉仁さんの３人がＪＡＬに初めて出社し、経営再建がスタートしました。

悩みに悩んだ末、稲盛さんが就任要請を受け入れたのは、次の三つの理由があったと聞かされました。まず、もしＪＡＬが二次破綻を起こした場合、日本経済に深刻な影響を及ぼす可能性があります。二つめは、ＪＡＬの社員の雇用を守ることが大事だということです。当時、５万人いた従業員を１万数千人削減しなければならないことは破綻した会社としては致し方ないことですが、３万数千人の社員は会社に残る。彼らの雇用を何とか守っていかなくてはなりません。三つめは、ＪＡＬが消えて日本の航空会社が１社だけになるより、ＪＡＬと全日空が競い合うことが、ひいては日本の国民のためになる、という考えです。競争のない市場では価格やサービスの改善が行われにくくなり、それを利用する国民にも不利益となります。これらのことを熟慮したうえで、自分にできることを精いっぱいやろうということになったのです。稲盛さんはＪＡＬの会長に、私と大田さんは管財人代理・会長補佐という肩書でＪＡＬに勤務することになりました。

　そのころ、マスコミなどでは、ＪＡＬが長年抱え続けた問題を解決するのは簡単ではなく、再建はうまくいかないだろう、二次破綻は必至などと書き立てられていました。確かにそう言われても仕方ない面があったのは事実です。

仕組みだけではなく魂を入れる

ＪＡＬでは、適正な人事政策、路線計画の合理化、効率的な機材配置を進めなければならないという大きな課題を以前から抱えていたにもかかわらず、問題はすべて先送りされていました。そして、抜本的な解決策が行われないまま２０００年代に突入し、同時多発テロやＳＡＲＳ、新型インフルエンザ問題などによる旅行需要の低迷で経営状態がさらに悪化し、これにリーマン・ショックと燃費高騰が追い打ちをかけ、経営破綻に至ってしまったのです。

そのような状況のＪＡＬに、航空運輸業の経験もない稲盛さんが、たった2人の京セラグループの役員を連れて、自分で作り上げた経営哲学「フィロソフィ」と経営システム「アメーバ経営」だけを携えて、乗り込んだわけです。大田さんは、フィロソフィ教育を通じて、ＪＡＬの意識改革を担当することになりました。私は部門別採算制度をＪＡＬでどのように導入するかということがメインの役割でした。

図表2－1は２００７年3月期から２０１３年3月期までのＪＡＬの連結業績です。直近の業績をみると、売上高はピークであった２００７年から、ホテルをはじめとする事業の再編により1兆１０００億円も減少しましたが、営業利益は大幅に増加し、高収益を上げるす

図表2-1 JALの業績推移

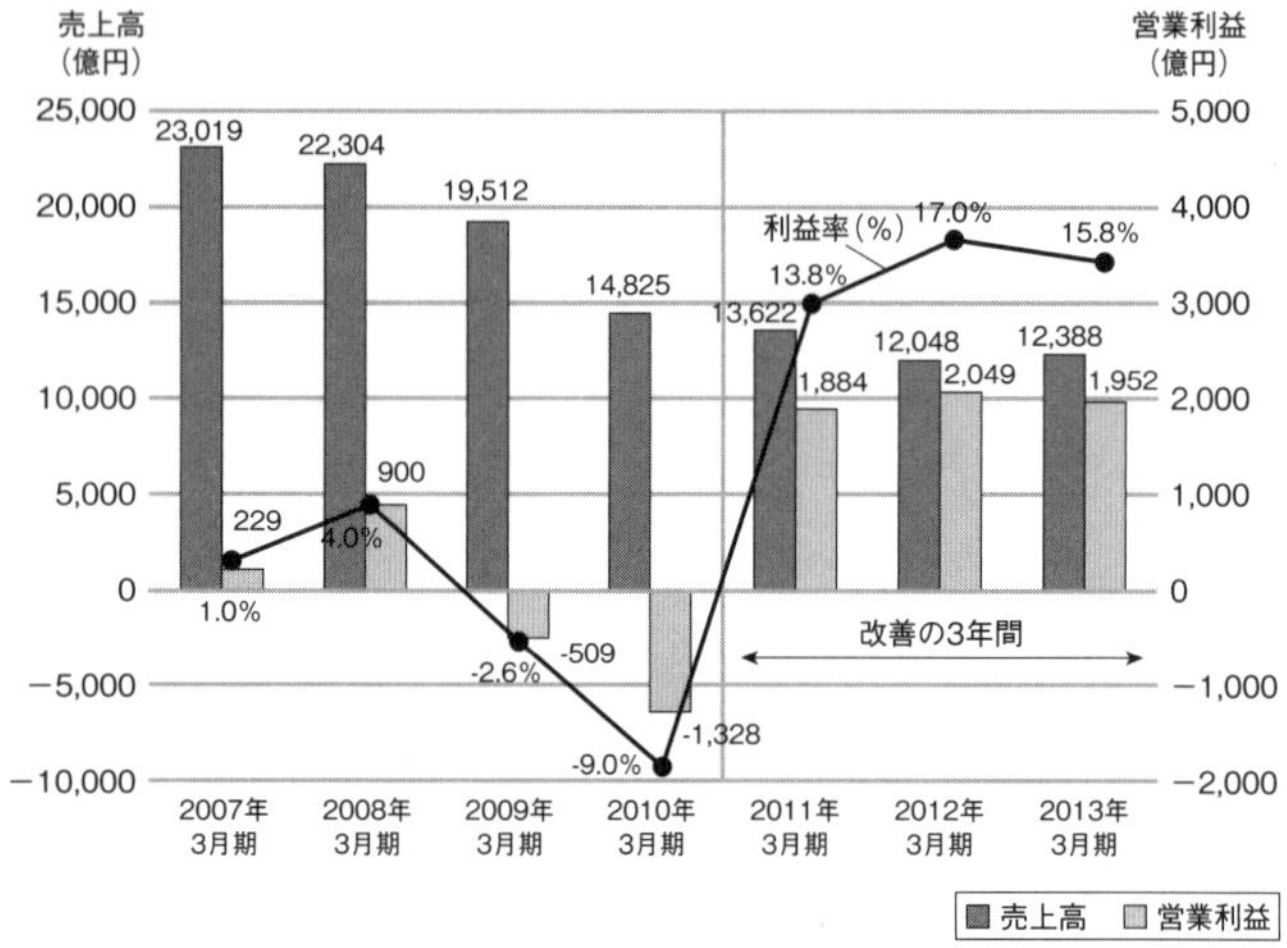

ばらしい企業になりました。

２０１３年３月期の業績は円安や燃料高、ボーイング７８７型機の運航停止などの影響で、前期に比べると増収減益ですが、それでも売上高は１兆２３８８億円、営業利益は１９５２億円となっています。この３年間、非常に安定していると言えると思います。

ＪＡＬ再生を成し遂げた稲盛さんは、２０１３年３月をもって、ＪＡＬの取締役を退任しました。このことに関して、ＪＡＬの植木義晴社長はマスコミなどから「これからのＪＡＬはどうなるのか」「破綻前のＪＡＬに後戻りすることはないのか」と何度も質問を受けています。これに対して植木社長は、「もう元に戻ることはありません」と断言されています。その根拠として話されていたのが次の一節です。

今回のＪＡＬ再建にあたって、稲盛さん以外の方が来られたら、必ず失敗していたのかというと、正直なところそうではないのかもしれません。もしかすると違う人でも再建できたのかもしれません。ですが、少なくとも今のＪＡＬはなかったということは確信をもって言えます。（中略）

「あんなにひねくれていた、どうしようもない集団だったのが、たった一人のリーダーが来られて、こんなに変わるのか」ということを周りから言われますが、やはり「思い」があれば、時間は少しかかるにしても、変わるものだなと思います。

また、よく「名誉会長が来られて三年でこの会社と社員の何がいちばん変わりましたか」と聞かれます。一言で答えるならば、「採算意識が高まった」と言えばわかりやすいと思います。ですが、私は、何より社員の心が美しくなったことがいちばん変わったことだと感じています。それがすべてにいい影響を及ぼしているのです。

出典　機関誌『盛和塾』１２３号

植木社長の言う「採算意識が高まった」「社員の心が美しくなった」とはどういうことな

のか。ＪＡＬ再生の経緯を詳しく紹介します。

私がＪＡＬに着任して感じたこと

ＪＡＬに着任すると同時に、徹底したヒアリングを実施していきました。稲盛さんと私と大田さんは、飛行機の整備工場や空港にも足を運んで、現場の社員の話を聞くことに努めました。本社では１００社近い子会社の社長を一人ひとり面談して状況を聞きつつ、私たちもＪＡＬという企業と航空業界について学びました。航空業界については素人ですし、５万人もいる巨大企業の組織のなかでどのような仕事をしているのかを把握することが不可欠だったのです。

ヒアリングを通じて私が感じたのは、企業経営に対する基本的な考え方が間違っているのではないか、ということでした。

まず、京セラで育った私から見ると、ＪＡＬでは経営に必要な数字がすぐに出てこない。月次の損益計算書は2カ月遅れで出ていたし、１００社ある関連会社では月次貸借対照表も作成されていなかったのです。また、経営幹部の誰が利益責任を負っているのかもまったくわからない状態でした

図表2-2 私がJALで感じたこと

・JALには経営に必要な数字がなかった
・経営幹部の誰が利益の責任を負っているかわからなかった
・完全な予算制度で経営されていた。各本部は予算（経費）を実行することが仕事になっていた
・本社と現場の交流がほとんどなかった
・役員を含め誰もが、JALが破綻するとは思っていなかった

JALの中に真のリーダーがいない
企業経営に対する基本的な考え方が間違っていた

ＪＡＬのグループ全体は予算制度で運営されていました。売上にあたる収入予算は、航空券を販売する販売部と貨物の輸送を手がける貨物郵便本部が決めており、経費の予算はすべての部門で作っていました。経営企画本部という部署が全体をとりまとめており、ここにすべての権力が集中しているようでしたが、利益責任を持っていたかというと、そうではありませんでした。売上が目標通りに到達しなくても、誰からも責任を問われることもなく、一方で経費は垂れ流しで、内訳をチェックする部署も存在しなかった。これは、部門別採算で経営を見続けてきた私にとって驚きの事実でした。

　ＪＡＬの役員・幹部のほとんどは「安全が利益よりも優先する」「利益が出ているので

あれば、公共交通機関の役割として、赤字路線でも飛ばすべきである」と考えていたのです。後に稲盛さんから「安全運行の維持のためにはお金が必要なのでは」と指摘され、利益の必要性に気づいた幹部も多かったのですが、当時はまったく違いました。

破綻前のJALの幹部や社員の多くは、国を代表する航空会社（ナショナル・フラッグ・キャリア）としての役割を強く意識し、それを誇りに思っていました。赤字路線でも飛ばすべきで、「安全」は「利益」に優先するのだというのが、JALの幹部の基本的な考え方だったのです。各本部のやるべき仕事は、予算で決められた経費を使って着実に業務をこなすこととされ、そのことを疑う人もいない。ヒアリングをしていたとき、「これは社内の常識なんです」という言葉を何度も聞きました。また、本社と現場で働く従業員との交流もほとんどないことも感じました。

さらに、JALは倒産することはないし、「国が何とかしてくれる」という信仰に近い考え方が、経営幹部の人たちに蔓延していました。JAL本体だけではなく、100社ある関連子会社でも同じような状態でした。しかも、関連子会社の経営はすべて親会社への依存で成り立っており、誰も収益を改善しようとは考えていませんでした。

その状況を目の当たりにした私は、「JALの中には真のリーダーがおらず、企業経営における基本的な考え方が間違っている」と感じました。

まずは社員の意識改革から着手

ＪＡＬの会長に着任する前から稲盛さんは「自分が今日までやってきた経営は、フィロソフィによる幹部を含めた全社員の意識改革と、アメーバ経営であり、自分が引き受けるのであればこれしかない」と私たちに話していました。この二つをＪＡＬグループ全体にどのように浸透させていくかが、私たちにとって最大のテーマでした。

具体的な最初の取り組みは「フィロソフィによる幹部・社員の意識改革」でした。２０１０年４月15日、執行役員と本社の部長クラスに集まってもらい、稲盛さんが語りかけました。そのときの題は「正しく純粋で強烈な思いとひたむきな努力が事業の成功を約束する」でした。

フィロソフィの大切さを説く私たちに対して、最初は彼らも疑心暗鬼でフィロソフィ教育を受けていました。経営幹部の中には、「精神論なんかで、ＪＡＬを再生することなどできない」とあからさまに不満をもらす者もいました。これはある程度予想された反応でした。

フィロソフィの根幹をなすのは、誰もが両親や先生から教えられた、人間として当然守るべきプリミティブで単純な道徳観や倫理観です。日本を代表する企業のＪＡＬを引っ張ってきたエリートの自分が、今さらそんな当たり前のことを聞いて何の役に立つのかと、思ったことでしょう。稲盛さんも、「子どもに教えるようなことを今さら何で教えるんだ、という顔で聞いている」と語っていました。

人生と仕事の結果は、考え方（マイナス１００～プラス１００）と熱意（０～１００）と能力（０～１００）のかけ算で決まると1章で解説しました。この三つの中で最も重要な要素は考え方です。なぜなら考え方だけは変数がマイナスの場合があり得るからです。

能力が高く熱意もある人材がそろっているＪＡＬがなぜ経営破綻したのか。それは、考え方がマイナスだったからです。能力と熱意がいかに高くても、考え方がマイナスであれば、結果はマイナスです。フィロソフィは、考え方の部分を根本から変える処方せんで、ここがプラスになれば、もともと能力と熱意はあるので、劇的にすばらしい結果が出るはずだと確信していました。

私は最初のころ、社員にこんな話をよくしていました。

「今のＪＡＬが置かれている状況は、あなた方、社員一人ひとりが心のままに行動してきた結果だということです。自分の仕事さえやればいい、という考え方でほとんどの社員が行動した結果、全体の利益が損なわれ、会社が倒産してしまった。ここから再生するには、自分中心ではなく、全体のために行動することが必要です。その行動を生む心を鍛えるためには、人としてどうあるべきかの原理原則であるフィロソフィを勉強し、考え方を根本から改める必要があります。フィロソフィは当然のように思えることばかりだけれど、頭でわかることと、実践できるということの間には天地ほどの差がある。人間は、頭ではよくないことだと思っていても、すぐに自分のエゴが出てしまう。だから何度も勉強して、意識しなくても行動に表れるように心の鍛錬をしなければいけません」

京セラ流コンパで社内を一つに

その後、稲盛さんは十数回にわたり、役員や幹部社員向けに講話を実施しました。また、少し時間があると、羽田空港や成田空港に足を運び、それぞれの職場で直接社員に「航空業は究極のサービス業である」と語りかけました。

すると２カ月もたたないうちに、ＪＡＬの役員・幹部社員、そして一般の社員まで、稲盛さんの教えを本当に熱心に学んでくれるようになりました。休日などを利用して役員が集い、自主的に勉強会を行うこともしばしばありました。

経営幹部へのフィロソフィ勉強会は、１日３時間、１カ月間で17日間行いました。勉強会では、稲盛さんの話が終わるとその場で、コンパが始まります。１人１０００円の会費を徴収して、缶ビールを飲みながら、稲盛さんと議論をするのです。コンパの目的は、社員の心を一つにすることです。全員が心を開いて、率直に意見を出しあい、激しく議論をする。このように膝を突き合わせてコミュニケーションをとることで、フィロソフィが浸透していくのです。京セラではおなじみの光景です。

合宿形式の勉強会も開催しました。研修のあとは恒例のコンパです。畳の上で車座になって、幹部社員同士がじっくり語り合い、信頼関係が深くなっていきました。そして、ある日のコンパで、フィロソフィに対して最も拒否反応を示していた役員が、稲盛さんの隣にやってきて、こう言いました。「私の考え方は間違っていた。子どものころに親や先生に習った基本的なことがまったくできていなかった」。まさに、経営幹部が一つにまとまった瞬間でした。

経営理念の刷新とＪＡＬフィロソフィの誕生

やがてメンバーの間から、「ＪＡＬの企業理念を作り直そう」という声があがりはじめました。そこで当時の大西賢社長（現会長）が中心となり、幹部社員を選出して、ＪＡＬの企業理念とＪＡＬフィロソフィの策定に取りかかりました。

現在のＪＡＬグループの企業理念は

ＪＡＬグループは、全社員の物心両面の幸福を追求し、
一、お客さまに最高のサービスを提供します。
一、企業価値を高め、社会の進歩発展に貢献します。

となっています。

「公明正大で大義名分のある高い目標を掲げ、これを全社員で共有することで、目的に向かって全社員が一体感を持って力を合わせていくことができる」

稲盛さんは、経営理念やフィロソフィによる幹部・社員の意識改革についてこのように考えています。

ＪＡＬフィロソフィで掲げられた内容は図表2-3の通りです。フィロソフィの策定にあたっては京セラが全面的に協力しました。京セラフィロソフィがベースになってはいますが、あくまでもたたき台であり、特に「第2部　すばらしいＪＡＬとなるために」はＪＡＬの社員たちが議論を重ねて生み出したものがたくさん入っています。京セラと同じように、ＪＡＬフィロソフィ手帳が作成され、グループの全社員に配布され、朝礼での輪読、勉強会や研

図表2-3 JALフィロソフィの概要

第1部：すばらしい人生を送るために

第1章　成功方程式（人生・仕事の方程式）

- 人生・仕事の結果＝考え方×熱意×能力

第2章　正しい考え方をもつ

- 人間として何が正しいかで判断する
- 常に謙虚に素直な心で
- 小善は大悪に似たり、大善は非情に似たり
- ものごとをシンプルにとらえる
- 美しい心をもつ
- 常に明るく前向きに
- 土俵の真ん中で相撲をとる
- 対極をあわせもつ

第3章　熱意をもって地味な努力を続ける

- 真面目に一生懸命仕事に打ち込む
- 有意注意で仕事にあたる
- パーフェクトを目指す
- 地味な努力を積み重ねる
- 自ら燃える

第4章　能力は必ず進歩する

- 能力は必ず進歩する

第2部：すばらしいJALとなるために

第1章　一人ひとりがJAL

- 一人ひとりがJAL
- 率先垂範する
- 尊い命をお預かりする仕事
- お客さま視点を貫く
- 本音でぶつかれ
- 渦の中心になれ
- 感謝の気持ちをもつ

第2章　採算意識を高める

- 売上を最大に、経費を最小に
- 公明正大に利益を追求する
- 採算意識を高める
- 正しい数字をもとに経営を行う

第3章　心をひとつにする

- 最高のバトンタッチ
- 現場主義に徹する
- ベクトルを合わせる
- 実力主義に徹する

第4章　燃える集団になる

- 強い持続した願望をもつ
- 有言実行でことにあたる
- 成功するまであきらめない
- 真の勇気をもつ

第5章　常に創造する

- 昨日よりは今日、今日よりは明日
- 見えてくるまで考え抜く
- 果敢に挑戦する
- 楽観的に構想し、悲観的に計画し、楽観的に実行する
- スピード感をもって決断し行動する
- 高い目標をもつ

修会なども開催され、浸透が図られています。

勉強会では、これまで交流のなかった人たちが互いを知る機会になるように、異なる部門のメンバーでグループを構成するように主催者が工夫し、これが社内のコミュニケーションの向上に大きな効果をもたらしています。

更生計画を着実に実行する

社員の意識改革とともに、ＪＡＬのさまざまな制度を変え、徐々にアメーバ経営導入の準備をしていきました。

ＪＡＬでは予算制度で運営を行っており、本来はそこから変えるべきだったのですが、私たちがＪＡＬに来る前に、企業再生支援機構のほうで従来型の予算制度に基づいて更生計画が策定されていました。企業再生支援機構が作成したＪＡＬの更生計画の主な骨子は、図表２－４の通りです。

稲盛さんは、「更生計画を完璧に遂行すれば、ＪＡＬは再建できる」と指摘していました。そこで初年度（２０１０年度）は、更生計画を確実に遂行しつつ、経費を削減することに重点を置きました。

図表2-4 JALの更生計画の主な骨子

・**航空機機種数の削減**

747-400、A300-600、MD-81、MD-90 の全機を含む計103 機を退役。航空機機種数は現行の7機種から4機種まで削減。

・**機材のダウンサイジング**

効率性の高い小型機737-800 や将来的な国際線の戦略機787 導入を推進。

・**路線ネットワークの最適化**

国内線は、一定レベルのネットワークを維持。国際線は、欧米主要拠点とアジア路線を中心に構成し、リゾート路線はホノルル、グアム路線に特化。

・**航空運送事業への経営資源の集中**

経営資源の航空運送業への集中を図り、周辺事業領域における子会社の売却。貨物郵便事業は、貨物専用機を運休し、旅客機の貨物室を利用した事業に特化。

・**機動性を高める組織，経営管理体制の構築**

組織の重層構造や重複機能を排除し、路線別収支の責任を負う部門を新設する等して、路線・部門別の損益責任を明確化する。

・**自営空港体制の大幅縮小（空港コスト構造改革）**

オフィススペースの見直し，空港ターミナルビルの部分返却、他エアラインとの共用施設利用料減額の申し入れ、格納庫・貨物上屋の返却等の不動産賃料の削減など。

・**施設改革**

不動産賃料の大幅な削減、オフィススペースの徹底的な見直しに取り組む。

・**人員削減**

早期退職・子会社売却等により、JALグループの人員削減をより推進し，平成21 年度末の4 万8714 人から平成22 年度末には約3 万2600人とする。

・**人事賃金・福利厚生制度の改定**

法定または世間一般の水準とすることを基本として、航空事業者として必要最小限の水準および範囲となるよう、徹底した見直しを実施。

・**公租公課の削減**

航空機燃料税、着陸料等の公租公課は、JALグループ航空事業者の国際線・国内線売上の約10％を超える水準にあるため、関係各所に対し削減を求めていく。

・**各種コストの圧縮**

各部が個別に行ってきた調達行為を調達部へ一元化。デリバティブ取引を利用した燃油ヘッジ取引については、広い裁量判断を排除し、リスク管理を強化。

ＪＡＬの予算は、本部ごとに年度予算と月次予算が定められ、歴史のある企業だけにかなり精緻にできていました。本来であれば、部門別採算制度の仕組みを入れて、各部門の収支を厳しく見ていくようにするのですが、準備には時間がかかります。そこで、経理部に月次の損益計算書を出してもらうようにしました。そして、年度予算をマスタープランに見立て、月次の損益計算書をベースに採算表を作り、業績報告会の資料としました。業績報告会というのは、各本部の業績の結果と見通しを報告する全社会議です。当初の会議の目的は「経費削減の推進」と「幹部の数字への意識を高める」の二つでした。この会議を始めるに当たって、稲盛さんから次のような発言がありました。

「予算という言葉はよくない。経費の予算は決められた通りに使われるが、売上や利益は未達になるものだ。予算という言葉を別の言葉にできないか」

この稲盛さんの指示で、「予算」という言葉を使うのをやめ「計画」に置き換えることにしました。言葉を変えただけではありません。実際の運用においても、経費が計画で決められていても実績が伴わなければ１００％使い切るものではない、という形に根本的に変えました。言葉の置き換えによって、会社の考え方が変わったことが社員に伝わったと思います。

業績報告会では、各本部長に自分の本部の勘定科目ごとに、年度計画と月次の実績の差を詳しく説明するように要求しました。第１回目の業績報告会は２０１０年5月26日に開かれました。

稲盛さんを激怒させた会議での発言

各事業本部長は恥をかきたくないので、必ず事前に予行演習をやっていました。当初は国会答弁のように、脇に事務方をつけて発表する光景も見られました。

こんなこともありました。稲盛さんは、自分の部門の実績を人ごとのように発表する本部長に向かって、「君は人ごとみたいに言うとるが、これは君のリーダーとしての結果なんや」と叱責しました。すると、その本部長も負けずに「この結果が出たのは私のせいじゃありません」と反論したのです。稲盛さんは顔を真っ赤にして、「おまえがその結果を出しているんだ！」と怒りを爆発させました。

このように最初のころは、稲盛さんが幹部の報告を聞いて、しばしば激怒していました。「おまえは評論家か！」という言葉を浴びせられた役員もいました。稲盛さんは常に真剣勝負をしています。甘えはいっさい許されません。稲盛さんの経営哲学の中に「完璧主義の原則」というものがあります。これは、曖昧さや妥協を許すことなく、あらゆる仕事を細部にわたって完璧に仕上げることを目指すというもの。報告者は、実績が予想より下振れしたら当然怒られますが、上振れしても「現状をちゃんと把握していないじゃないか」と怒られます。おそらく、ＪＡＬの役員や幹部社員は、こんなふうに真剣に怒られたことがなかったと思います。

私もＪＡＬの幹部の話を聞いていて気になったことがあります。それは彼らが「トレードオフ」という言葉をよく口にしていたことです。「Ａをやるのはいいと思いますが、その代わりにＢが犠牲になります」という意味で使うわけです。おそらく、以前のＪＡＬでは、何か新しいことをやろうという案が出ても、トレードオフという言葉を持ち出せばやらずに済む理由になるし、会議の出席者をそれで説得していたのだと思います。片方を実行したら、もう片方はできなくなるというのは、とても理屈に合っているから、優秀な人ほど「それはもっともだ」と納得してしまう。

もし、京セラグループの社員がトレードオフという言葉を口にしたら、周囲から「両方ともやるに決まっているだろ」と一蹴されて終わりです。ＡとＢの両方を実現する方法を考え、実行に移す。これで改革が大きく前進するのです。野球選手でも、直球は打てるけれどカーブがまったく打てないようでは一流にはなれません。私はトレードオフという言葉を耳にするたびに、「その言葉は改革を阻害する言葉だから、使わないほうがいいですよ」と諫《いさ》めました。

意識が変わると、現場が変わる

何度か業績報告会を経験すると、幹部社員たちは職場に帰ってから、一生懸命勉強するようになりました。数字を少しでもよくしようと、経費削減に取り組むようになったのです。それがすぐに結果に表れ、経費削減額は日を追うごとに増えていきました。各本部長は自分の組織の末端まで詳しく調べてコスト削減などの手を打つようになり、会議での報告もしっかりできるようになっていきました。

たとえば、パイロットが所属する運航本部は、明らかに余剰人数を抱えていて、絶対に黒字化は無理だと言っていました。ところが、数字を理解したことで、他の航空会社にパイロットを派遣するという案を考えて実行に移すなど工夫を重ねて、最終的には黒字を達成したのです。

業績報告会が終わると、社内のコミュニケーションを図るために懇親会が開催されました。

それまでＪＡＬでは、本部長が一堂に会して、このような会議をやったことがなく、経費にしてもざっくりしたトータルの数字しか見ておらず、勘定科目ごとの数字など目にしたこともないし、聞いたこともない状態でした。それが、月次の損益計算書に細かく目を通し、現場に何度も足を運んで部下に話を聞き、何とか改善点を見つけ出そうと行動するように変わりました。このように、上下のコミュニケーションが活発になったことによって経費削減がいっそう進みました。

稲盛さんは業績報告会を「ＪＡＬの中で一番大事な会議」と位置づけ、１回当たり３日間にわたって行い、すべて出席しました。それまでのＪＡＬの会議は、いかに予算通りに実行するかを議論していましたが、業績報告会では「いかに経費を削減し、利益を増やせるか」に変化しました。

更生計画を実行すると、赤字路線の縮小などで売上高は大きく減ります。売上が激減しても利益が残る体質にするには、事業の採算性を向上させるしかありません。私が最初に目をつけたのは、資材の調達でした。

当時は各事業部が予算の範囲内で自由に調達を行い、部長クラスでも何千万円という決裁権限を持っていたのです。必要な備品や資材などを購入する際は、部長が支払伝票を１枚ずつ決裁して資金課に回す。その枚数は全社で毎月１万枚にも上り、伝票の内容が本当に適切かどうかをチェックする人は誰もいませんでした。

年間で８００億円のコスト削減に成功

社員は予算制度に慣れ親しんでいるので、予算で認められている経費は自分たちの権利だと思っています。しかも期末が近づくと、経費予算を消化するために、ときには勘定科目を変えて計上し、すべて使い切ろうとする。私たちが調べたところ、不正な支出は見つかりませんでしたが、起票の際に、費用の勘定科目の間違いがあまりにも多かったのは、勘定科目の知識がないわけではなく、予算消化のためだったのです。

この悪循環を断ち切るため、調達本部を設置し購買の窓口を一本化し、30万円を超える購買はすべて調達本部を経由するように変えました。調達本部では、各本部から上がってきた購買の申請に関して、それが本当に必要かどうか、もっと安いものにできないか、などを丁寧にチェックし、「待った」を掛けられるようにしました。その厳しさから社内では「調達させない部」などと揶揄されたりしましたが、彼らのおかげで、結果的に1年間で８００億円の経費削減に成功しました。

これだけのコスト削減ができたことにおそらく一番驚いたのは、ＪＡＬの社員だったと思います。ある部長は、当初私にこんなことを言いました。

「森田さん、この10年、ＪＡＬは経費の節減と人件費の削減をやり尽くしてきたんです。今や賞与もない。ですから削るものは何もない。これ以上、何を削れと言うんですか」

しかし、その部長も業績報告会で、各部門の経費が削減され利益がどんどん出てくることを目の当たりにするようになって、次第に考え方が変化したようです。利益が出てくると社内が明るくなり、何事にも前向きに取り組もうという雰囲気が満ちあふれてきます。利益は社員を元気にするのです。

部門別採算制度導入のための組織改革に着手

フィロソフィを浸透させる一方で、私たちはアメーバ経営を本格的に導入するために、準備を進めました。それは、部門別採算制度を導入するための組織改革と、スピーディーに経営数字を把握できる仕組みの構築でした。

ＪＡＬの組織改革については、２０１０年4月から着手しました。部門別採算制度導入に当たって最初に悩んだのが、利益責任を負う組織をどこにするかという点でした。最初は、飛行機を飛ばす空港を中心に体制が作れないかと思ったのですが、いろいろと研究していくうちに、航空業ではやはり路線計画が非常に大事なので、路線計画を作っている部署を明確にすることを念頭に置き、組織案を作り始めました。稲盛さんは、ＪＡＬや企業再生支援機構にも組織案を作るように指示し、三者の案を付き合わせて何度も議論を重ねました。そうして、私たちの案の押しつけではなく、ＪＡＬの社員たちが「それがいい」という方向に持っていったのです。

５月には、ＪＡＬの40代前後の若手管理職から成る「組織改革プロジェクト」をスタートさせ、細部にわたって詰めていき、７月に報告書提出、８月から11月までかけて経営陣を中心に人事の検討を行い、12月に組織改革を実行しました。

新組織のスタートは12月中旬でしたが、部門別採算制度はシステムの準備ができていないので、本格的な開始は２０１１年４月からに設定しました。

利益責任を一手に負う新部署を創設

図表２−５は、組織変更前と後を示したものです。あまり違いがないように見えますが、役割と責任はまったく変わりました。まず、組織を採算部門である「事業部門」とそこを側面から支える「事業支援部門」の二つに大別。事業部門は路線統括本部、旅客販売統括本部、貨物郵便事業本部の三つとし、新設の路線統括本部を旅客運送事業の中核部門と位置づけま

図表2-5　JALの組織改革（2010年12月に実施）

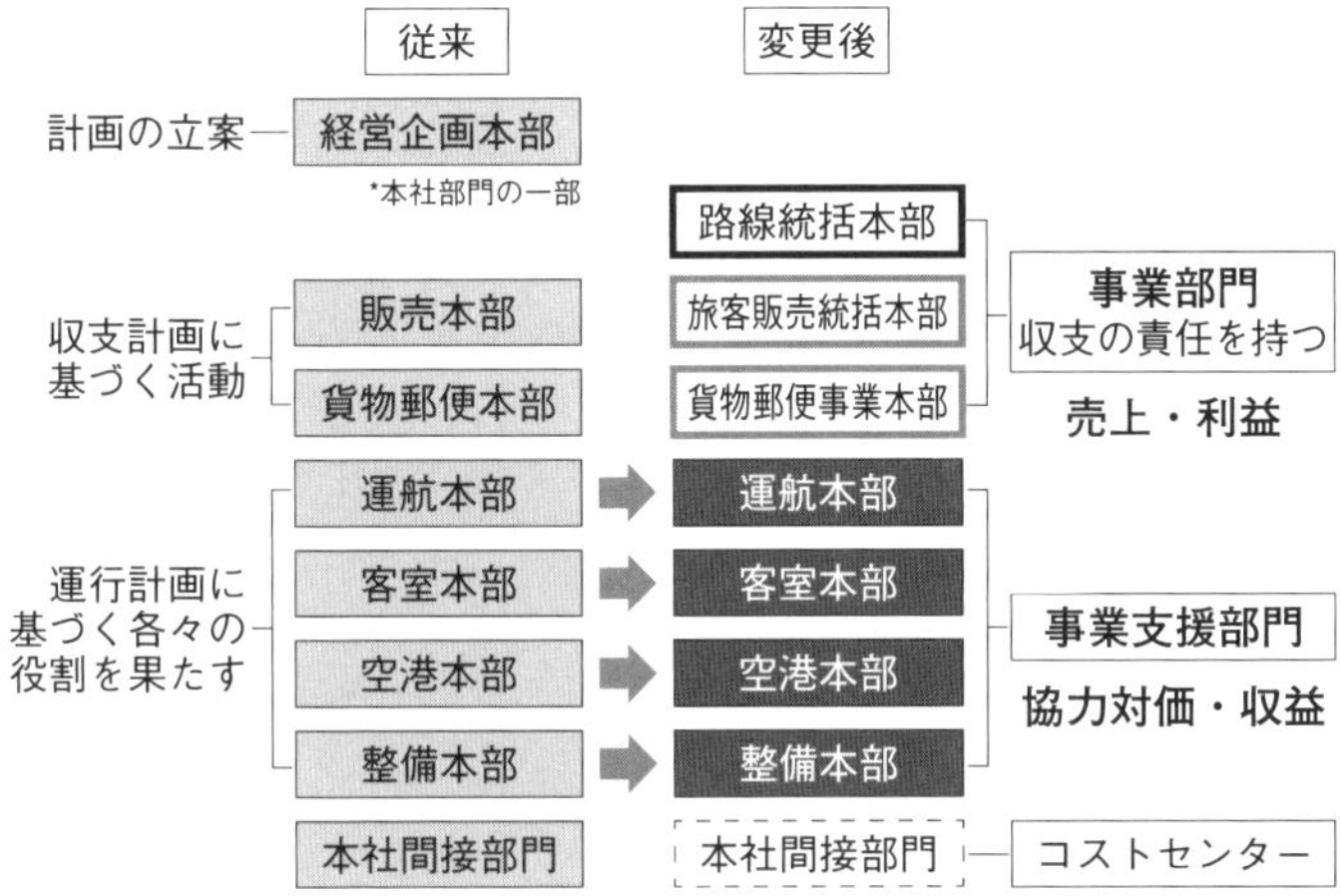

した。

路線統括本部は、旅客売上を収入とし、旅客機にかかるすべてのコストを負担し、その差額を利益とします。全社の各部門と連携して運行計画を策定。実際の運航まですべての責任を持ち、利益を意識した活動を行います。このような組織は、長いＪＡＬの歴史の中でも初めてのことでした。路線統括本部の下には、国内路線本部や国際路線本部があります。

事業支援部門は、運航、客室、空港、整備の各本部で、飛行機を飛ばすのに必要な人材やサービスなどを事業部門に供給し、事業を支援する代わりに協力対価を得るという形にしました。協力対価という考え方は、医療機関にアメーバ経営を導入するときに使うもので、サービス業のように製品がない業種の場合、「社内売買」よりも「協力対価」のほうがなじみやすいだろうということで考案しました。医療機関にアメーバ経営を導入した経験が、思わぬところで役に立ちました。

協力対価の仕組みは、次の通りです。飛行機を飛ばす際、路線統括本部は、運航に必要な航空機材（経営企画本部＝本社間接部門の一部）や運航乗務員（運航本部）、客室乗務員（客室本部）、整備士（整備本部）などを、それらを保有する各部門から仕入れて便の運航計画を作り、一つの商品に仕立てます。販売を担当するのは旅客販売統括本部です。各部門へ支払う協力対価は便ごとに単価が決められています。

旅客販売統括本部は、この便の席を旅行会社や個人客などに販売し、販売額から手数料収入を得ます。販売収入から旅客販売統括本部の手数料を差し引いたものが、路線統括本部の実質の収入となります。

本来、事業支援部門はコストセンターですが、協力対価（製造業で言えば社内売買）という仕組みを入れることで、採算部門として収支を管理することにしました。パイロットも、キャビンアテンダントも、地上スタッフも整備士も、自分の食い扶持は自分で稼ぐ。全員が経営に携わるというのが、アメーバ経営です。こう書くと厳しい感じもしますが、自分たちも収入を上げることに貢献していると実感できるようになれば、メンバーのやる気に火がつきます。また、本社の間接部門は完全なコストセンターとしました。

新組織になった12月から、各本部はそれぞれの立場を意識して活動を始めました。その結果、従来は黒字になったことがないと言われていた2月の収支が黒字になるなど、すぐに効果が出始めました。

1便ごとのコストと各サービスの単価を設定

組織改革と並行して、もう一つの課題にも取り組みました。それは「1便ごとの収支の把握」です。それまでも、1便ごとの収支は出てきたのですが、往復分（「東京―札幌便」であれば、同じ機材で同じ日に「東京―札幌」と「札幌―東京」を飛ぶ）しかわからず、しかも出てくるのは2カ月後という状況でした。

1便ごとの収支をつかむうえで最も難しいのは、原価をどう把握するかです。これには苦労しました。収入は航空券がどれだけ売れたかであり、従来も把握できていましたが、経費のほうはなかなかつかめませんでした。

飛行機を1便飛ばすための原価には、パイロットとキャビンアテンダントの費用、空港サービス費、整備費用、機材の償却費、燃料費などがあります。これまでは、1カ月ごとに実際にかかった経費を集計し、その月に飛んだ路線に按分していたので集計に時間がかかっていました。私の考えは、1便当たりにそれぞれの経費の単価を決めるというのものでした。

具体的な方法についてては、各本部に考えてもらいました。私の要求は、単価が論理的に説明できることと、原価が変動する可能性も高いので、スピーディーに単価変更ができることの二つでした。各本部は非常に積極的に取り組んでくれ、私の望みに見事に応えてくれました。実は単価を決めることに関しては、すでによく研究されていたのです。

単価が決まったことで、急きょ、路線ごとの便別原価をすばやく算出できるシステムの開発を行いました。このシステムにより、フライトの翌日には路線収支が算出できるようになりました。路線担当者は毎日この結果を確認し、利益を増やすための対策をタイムリーに打てるようになったのです。

さらにアメーバ経営を実践するに当たり、部門別の実績をすばやくつかみ、採算表を作成できるＫＣＭＣのパッケージソフト「Ｔｈｅ Ａｍｏｅｂａ 採算システム」を導入しました。

予約状況を見ながら最適な機材に変更

２０１１年4月から、部門別採算制度の取り組みが本格的にスタートし、1便当たりの収支を翌日に算出できるシステムに加え、すべての部門の月別収支を細かく見られるようになったことで、多くの社員が利益について考えるようになり、創意工夫で結果を出すようになっていきました。

特に路線統括本部は、国内を六つの地域に分け、国際線も地域別に六つのグループを作り、それぞれのグループ長は、毎日便ごとに細かく収支を見ています。現在、ＪＡＬでは１日に１０００便くらい飛んでいます。１便ごとの収入と経費が見えるので、各グループではどうすれば満席にできて収支を向上させられるか、常に考えるようになっています。

たとえば、航空券の予約状況を見ながら、前日までに３００人乗りの機材で50％の予約率しかなければ、１６０人乗りの機材に変更し、90％以上の稼働率で運航します。機材がコンパクトになれば、客室乗務員の数が減り、燃料費も着陸料も抑えられる。空港サービス料や整備料も抑えられます。逆にお客さまが多いときはチャーター便を飛ばすなど、非常に柔軟な運営を行っています。破綻前は、一度運航ダイヤを決めたら、チケットの売れ行きに関係なく大型機を飛ばしていたのですから、その差は歴然としています。

ちなみに、機材を変えるには当然、整備本部の協力が必要ですし、機材を変えたらパイロットも変えなければならない（パイロットは通常、一つの機種しか操縦できない）ので運航本部の協力が不可欠、という具合に部門間の連携プレーがすばやく行われます。以前ならこうした部門間の連携は考えられないことでした。これもフィロソフィの浸透で社内のコミュニケーションがよくなり、「利他の心」が芽生えたからこそ実現できたのだと思います。

空港本部では、空港のロビーに置かれる時刻表などの配布物を見直しました。ロビーは端から端まで約１キロあるので、その都度補充しなくても済むように、ケースにできるだけたくさん詰め込むのが当たり前でした。しかし大半は使われず、廃棄されていました。そこで、本当に必要な枚数を洗い出し、手間はかかるけれどこまめに補充したところ、廃棄率は激減しました。このような工夫が現場から自発的に提案されたのも、時刻表のみならず、書類一枚の単価がすべてガラス張りになったからです。

経費削減だけではなく、普通席よりもワンランク上の席があれば、搭乗口や受付カウンターで案内する拡販キャンペーンにも力を注ぎ、売上拡大に取り組みました。

一方、キャビンアテンダントが所属する客室本部では、機内に持ち込む自分の荷物の減量作戦が実行されました。重量が軽くなれば、航空機の燃費がよくなり、燃料費節減につながります。オフィスに体重計を置き、１日１人５００グラム減に取り組みました。泊まりがけの国際線担当のキャビンアテンダントは、シャンプーを小分けにして持っていきました。今は現地で買うことを奨励しているそうです。５００グラムといえば微々たる量に感じますが、成田空港と羽田空港を合わせると、キャビンアテンダントだけで４５００人が配属されています。１日１人５００グラム減で約２トンの重量減となり、それだけでも燃料の節約になります。

以前、稲盛さんは、客室本部の幹部社員を相手にこんな話をしていました。

「国際線では、お客さまは5時間や10時間、君たちと一緒にいるわけだ。そのときに、とてもいいサービスをして、いかがでしょうかと機内販売をすれば、買ってくれる人もいらっしゃる。要はチャンスを活かしてサービスをして、いいものをお客さまに買ってもらう努力も必要だ」

この話をヒントに客室本部では、機内販売で1便ごとの月別の売上目標を決め、成績優秀なキャビンアテンダントを表彰する部内キャンペーンを展開することになりました。

パイロットも航路の工夫で燃費を追求

パイロットが所属する運航本部も、安全に最大限配慮しながら燃費の節約に取り組みました。気象条件から最も燃費の消費が少なくて済む飛行コースを選択し、出発時から駐機場でエンジンを停止するまで、燃料節約を頭に入れて運航をしています。たとえば、出発時間が遅れるとその分、エンジンをアイドリングさせる時間も長くなり、燃料を使います。そこで、空港のグランドスタッフの協力を得て、出発時刻前に必ず全乗客を案内することを徹底しました。ＪＡＬの就航便は国内便だけでも1日に数百便飛びます。1便当たり数万円でも燃料代を節約できれば、トータルで莫大な経費節減になります。

整備士が所属する整備本部も、コスト削減で目覚ましい実績を上げました。たとえば、作業員の動線を見直し、以前は取りにいくのに1分かかっていた道具を近くに配置したり、動線を半分にすることで往復1分を短縮したりしました。短縮した時間を1年間で計算してみると、なんと1人の1年分の人件費に相当することがわかりました。また、他部門から依頼された修理や壁のペンキ塗装などを引き受けました。ある部門では、シュレッダーが故障したが新品を購入せず、整備本部に修理を依頼したところ、約40万円近くの節約になったと話していました。

さらに、徹底してモノを買わないということも実行しました。整備工場内には稼働していない点検整備中の飛行機が必ずあります。その飛行機から必要な部品を取り外して使うようにして、部品在庫を劇的に減らしました。いわば、使わない飛行機を部品庫としたわけです。飛行機から部品を外して、別の飛行機に取り付けるのは、現場の整備士にとって二度手間ですが、若手の整備士には仕事を覚えるよいチャンスとなり、一石二鳥になりました。

アメーバ経営が本領を発揮した東日本大震災

２０１１年３月11日に発生した東日本大震災のときには、アメーバ経営の強さがいかんなく発揮されました。

震災当日の深夜、東北地方に可能な限りの経営資源を集中させることが会社の方針として決定され、翌日から路線統括本部が中心になって全路線を組み替え、定期便のある東京―山形空港間で臨時便を運航することにしました。仙台空港の離着陸ができなかったので、山形空港をハブ空港にしたわけです。

山形空港は50人乗りの飛行機が１日４便しかない小さな空港です。投入しようとしたのは３００席弱のボーイング７６７型機でしたが、７６７から乗客が降りるためのタラップはもとより、飛行機の牽引車やコンテナの積み込みをする機器まで何もそろっていませんでした。しかし、現場がすばやく動き、荷物の運搬を行うハイリフトローダーなど発着に必要な機材を陸送して備えました。３月16日には羽田から仙台へ行くはずだった小型ジェットを使って増便を出し、19日から７６７を投入することができたのです。

震災が発生した翌日から２０１１年７月24日までにＪＡＬが東北方面に運航した臨時便の

数は２７２３便になります。座席が空いたらボランティアの人を無料で乗せたり、荷物を無料で送ったりと、現場の判断で個々の問題に対応をしていました。

臨時便対応は、新幹線復旧までと当初から決めていたので、東北方面に行く道路や新幹線が復旧したのを見て、７月に臨時便を通常運航に戻しました。臨時便は、需要をきめ細かく分析し、１日ごとの収支を見ながら便数調整や要員配置を変え、利益を確保しました。航空業界は突発的なイベントリスクが発生したとき、いかに正確に需要予測を読んで、きめ細かい運行計画を立てられるかが、利益を生み出せるかどうかの分かれ目になります。アメーバ経営を導入以降、どんな状況においても利益を確保できる企業体質に変化することができたのです。

関連会社は本体依存から脱却

ＪＡＬ本体だけでなく、関連会社についても２０１２年８月より毎月、グループ業績報告会を開始し、部門別採算制度を導入していきました。

経営破綻の前、ＪＡＬには１００社を超える関連会社がありましたが、整理・統合・売却により51社となりました。しかし、ほとんどが赤字でした。それまでＪＡＬの関連会社の位置付けは「親会社のため」でした。関連会社の社長は本社の意向を聞いて、その通りに経営を行うだけで、企業としての体をなしているところはありませんでした。関連会社が稼いだ利益はすべて本社が持っていくだけでなく、本社の人件費の削減のために、本社の社員を受け入れることもしばしばありました。

稲盛さんは、「どんなに小さくても、会社である以上、永続的な存在でなければ、社員の生活を守ることはできない。そのためには何としても黒字にしないといけない」と考えており、私も同感でした。そこで、関連会社だけを集めて、本社と同じように業績報告会を開催することにしました。「関連子会社も企業である以上は、本社から自立して経営しなければならない。子会社であろうと、社員に飯を食わせるのは社長の責任である」。そうしたことを繰り返し伝えていくうちに、子会社の社長の意識も次第に変わってきました。

現在では、関連会社はいずれも「自主独立経営の実現」を目標に、グループ外の企業との取引や新規事業にも取り組んでいます。さらに、親会社であるＪＡＬとの取引も「人件費＋経費＋数％の利益」で行うペイロール方式から、マーケットプライスを前提にした値決めを行うように変えました。その結果、会社の目標も「経費節減への貢献」から「連結利益向上への貢献」へと大きく変化しました。

かつて、連結決算の足を引っ張っていた関連会社群でしたが、２０１２年度は特殊な海外の持ち株会社を除き、すべての会社が黒字化し、「連結利益向上への貢献」という目標を達成しつつあります。

アメーバ経営で生きている会社になった

航空事業というのは、季節によって売上の変動が大きく、7~9月の旅行シーズンで大きく稼ぎます。逆に底となるのが2月です。ＪＡＬでも創業以来、2月は黒字になったことがない。そこで私は、「２０１１年の2月は黒字にできないかもしれないけれども、２０１２年の2月は黒字にしよう」と言ったのです。それを聞いたある部長は、「森田さん、そんなことができたら奇跡ですよ」と言いました。ところが、アメーバ経営で組織改革を実施した直後の２０１１年2月に、黒字を達成することができました。奇跡が起こったのです。

図表2-6は、更生計画2年目、２０１１年度の実績です。この年からアメーバ経営が導入され、「年度計画」も「マスタープラン」と名を変えました。マスタープランは２０１１年の2月後半にとりまとめを行いましたが、その後、東日本大震災が起きたためまったく見通しが立たない状況となり、数字が作れないために、いったんは白紙にしました。当初は赤字になるかもしれないとの声も社内にありましたが、更生計画で定めた営業利益額７５７億

図表2-6　JALの2011年度の計画と実績

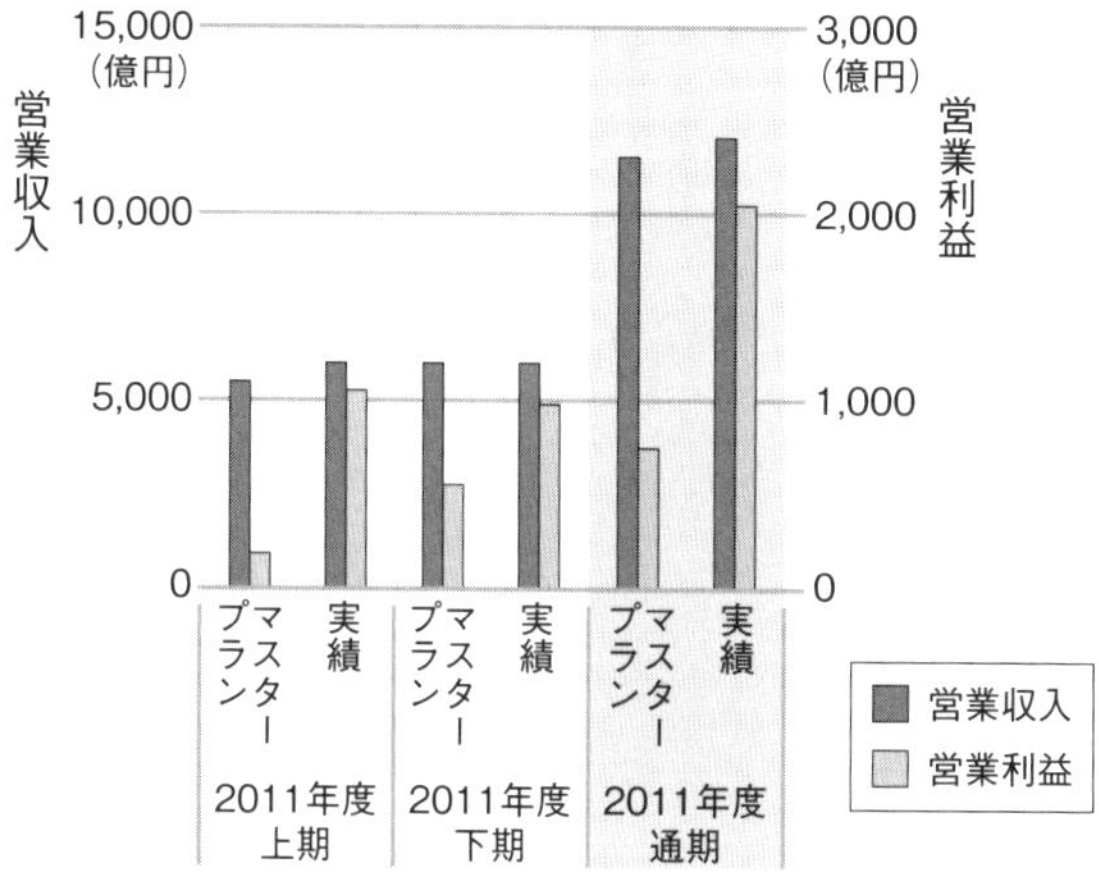

円を上回りたいという考えがあり、マスタープランで２０１１年度の営業利益を７５７億円と定めました。

震災直後で日本に来るビジネス客や観光客が激減する厳しい環境の中、４月は振るわなかったものの、５月以降は順調に業績を伸ばし、２０１２年３月期の売上高は前期を下回ったものの、営業利益は２０４９億円となり、売上高営業利益率17・０％というすばらしい数字をたたき出しました。さらに２０１３年度は売上高１兆２３８８億円、営業利益１９５２億円、売上高営業利益率15・８％となりました。為替が円安となり利益は減少しましたが、それまで抑制していた社員への賞与も支払ったうえでの業績なので、すばらしい結果と言えます。

ＪＡＬにおけるアメーバ経営の導入で何かが変わったのかということについて、ＪＡＬの大西会長が２０１３年２月22日の日本経済新聞のインタビューに次のように答えています。

　会長の大西賢はアメーバを「収支管理を徹底させるための仕組み」と見ていたが、導入してみてその威力に驚いた。

「キミたち実は勝っていたよ、と２カ月後に試合結果を教えられても、ちっとも燃えない。３万人の団体戦では自分が貢献できたかどうかもわからない。しかし10人のチームで毎月、勝敗がわかると、『やったあ』『残念だった』と社員が一喜一憂する。かつてＪＡＬは泣きも笑いもしない組織だったが、アメーバ経営で生きている会社になった」

　ＪＡＬの経営改革の成功は、フィロソフィとアメーバ経営の実践によりもたらされました。稲盛さんを筆頭にＪＡＬの全社員が経営に関心を持ち、利益とサービスの向上を目指し、それぞれの持ち場で改善・改革に取り組んだ小さな結果の積み重ねが大きな成果として結実しました。まさに全員参加の経営が、ＪＡＬを大きく変革したのです。

第3章

導入事例に学ぶ アメーバ経営

Promoting Profitable Growth by the Amoeba Management

本章と次の第4章では、アメーバ経営を導入した企業の事例を題材に、運用面でのポイントを紹介します。アメーバ経営は幅広い業種において活用されており、本章では製造業の事例、次章では、最近導入件数が急速に伸びている医療・介護業界での事例を取り上げます。

ケーススタディー01　荻野工業（広島県熊野町、自動車部品製造）

筋肉質の経営体質でリーマン・ショックを乗り切る

広島県熊野町に本社を置く自動車部品製造の荻野工業の創業は1957年。59年より、東洋工業（後のマツダ）の協力工場として自動車のエンジンやミッションに使う部品の加工・製造を手がけるようになり、それ以降は売上高の90％近くをマツダに依存していました。

同社がアメーバ経営を導入したのは99年。きっかけは、マツダが2001年から自動車部品の「世界最適調達」を始めることを決め、従来の取引先に通告してきたことでした。従来は系列の協力会社から部品調達していたが、今後はマツダの設定する品質や価格、納期などの条件が合えば、系列かどうかに関わらず、グローバルにどの会社からでも取引をする、と宣言したのです。

この出来事は、荻野工業に大きな衝撃を与えました。同社はマツダ本社から幹部社員を工場長として受け入れており、それまではマツダの意向や要望にきちんと応えてさえいれば安定的に仕事をもらえましたが、マツダの世界最適調達宣言は、そうした温情主義がもう通用しないことを意味していたのです。

ちょうど同じころ、日産自動車が多額の負債を抱えて経営危機に陥っており、その後、ルノーによる救済が決まりました。マツダも同様に、業績の悪化に苦しんでいました。地元企業を育成し、協力会社と共存共栄したいとの考えはマツダにもあったのですが、自動車業界をめぐる経営環境は厳しさを増しており、経営陣に当時、親会社だったフォードから外国人社長が送り込まれ、よりドライな戦略が取られるようになりました。世界最適調達はその典型でした。

１９９５年に創業者の後を継いだ荻野武男社長はこれを「会社始まって以来の危機」と捉え、「今後はマツダ自身も生き残りをかけて、高品質・低価格を実現するため、今ある下請け企業数を減らすための、ふるいにかけてくるはず」と覚悟を決めました。

荻野工業は、切削加工技術に定評があり、熊野町と呉市に二つの工場を構え、売上高も約40億円に伸ばしていました。しかし、安定的に受注を確保できていたこともあり、幹部から末端の社員に至るまで利益に対する意識は薄く、売上高営業利益率は約２％にとどまっていました。採算管理に関しても、一言で言えばどんぶり勘定。グローバルな大競争時代を勝ち残るには、経営のやり方を改めなければならない。荻野社長がそんな思いを強くしていたときに出合ったのが、アメーバ経営でした。

実は、マツダの有力な協力会社がすでにアメーバ経営を導入し、成果を出していました。荻野社長はその経営者と懇意にしており、その方の勧めもあって、当社が主催する経営トップセミナーなどに出席し、導入を決めたのです。

ヒアリングで浮き彫りになった数々の課題

私たちがアメーバ経営を導入するとき、最初に行うのは、会社の幹部、従業員のヒアリングです。当社の2人のコンサルタントが、各部署の役職者やスタッフなど30人に1人当たり60~90分、2カ月にわたって面談しました。面談の目的は、各部署の役割、業務と責任、仕事の流れ、各責任者の役割や権限、指揮命令系統、目標管理のあり方などを把握することです。

私たちが荻野工業のヒアリングで感じたのは、従業員は非常に実直で真面目である半面、採算に対する意識はほとんどないということでした。ただ与えられた仕事を黙々とこなし、納期通りに仕上げることに全力投球するのみ。目標として与えられていたのは、数量と納期だけだったので、採算を向上させようという意識はまったく感じられませんでした。

採算管理面では、2カ所の工場があるにもかかわらず、月次の損益計算書は会社全体でしか作られておらず、しかも、集計がまとまるのは2カ月後で、役員のみに公開されていました。

一方、経費の配賦基準がはっきり定められておらず、出てきた数字を見ても、どの部品が儲けを出しているか正確にはわかりません。

ヒアリングで判明したのは以下のようなことでした。

ヒアリングの分析結果

（1）会社全体

組織が機能別に分けられておらず、部門の役割・責任が不明確。

（2）営業体制

マツダ依存を下げようという意識はあるものの、新規顧客開拓のための営業機能が組織上、明確になっていない。

（3）値決め

値決めはトップが過去の取引の感覚で決めていることが多く、製造部門で最終検討し値決めされた金額ではない。つまり、値決め段階からいかに利益を残すかなど、採算を維持し、向上させる検討ができる体制になっていない。

（4）製造部門

大半の現場では日々の生産予定に対する進捗を把握していたが、数量による管理であるため、各現場の進捗を金額で把握できていなかった。生産効率アップ、原価低減などの改善活動は行われているが、その活動が会社の利益にどうつながっているか把握できないため、現場の採算意識を喚起できない状況だった。

（5）物品購入

物品購入は各現場が行っており、発注に対するチェック機能がなく、事務用品から切削工具の刃先に至るまで、各現場で無駄な在庫が目立っていた。また、製造に使う主要材料に関しては、管理部が調達していたので、製造部門は、コスト意識が芽生えにくくなっていた。

(6) 実績管理

経費実績は月末締めで翌月10日までに到着した請求書に基づいて計上されていた。管理部業務課による納品書と請求書との照合作業の後に、経理担当者1人によって取引先への支払い業務を行い、経理の仕訳作業などすべて手作業で行っていた。そのため、月次の損益計算書の完成時期が翌月末になり、タイムリーに前月の活動に対する分析を行い、翌月の活動に生かせる体制になっていない。

(7) 経費実績の部門別把握

主要材料、補助材料、消耗工具、消耗品、事務用品などの経費実績は、会社全体、あるいは取引先別でしか把握できない仕組みになっていた。各部門がどの経費をどれだけ使っているか、フィードバックできないため、各部門に自らの意思で経費をコントロールしてもらうことが難しい状況にある。

（8）在庫管理

倉庫への入荷の際には物と納品書を照合し、入荷確認しているが、出庫の際に出庫伝票が起票されておらず、製造部門が自由に出庫できる状態になっており、在庫を正確に管理することができない。

（9）会議

トップを含め、営業・製造・管理の責任者が一堂に会し、今後の経営や事業展開について議論する全社的な会議が開かれていない。現場の課題がトップや他部門に伝わりにくく、全社一丸となって課題を解決する土壌が生まれにくくなっている。

少し補足すると、「（3）値決め」は、経営の中で最も大事な部分です。受注価格をいくらにするかで、得られる利益の額も変わります。高ければ顧客が首を縦に振らない、低ければ売り手が損をする。売り手と買い手が双方とも納得するのは一点しかない、というのが私たちの考え方です。その一点を見いだすには、製造部門できちんと見積もりを作り、利益をしっかり確保できることを確認する必要があります。しかし、そうしたプロセスを経ずに、社長、または営業担当者が顧客と値段を決めてしまっていたので、利益の出ない仕事もありました。

「（5）物品購入」に関しても、かなりずさんでした。たとえば、金属の切削に使うチップ（刃先）が入ったケースは、工場の棚に山積みになっていました。棚をよく見るとある高さのところに線がついています。「これは何ですか」と聞いたところ、ケースが線のところまで減ったら担当者がチップを購入して補充するというルールが決まっていたそうです。使用するチップの種類は数百あるのですが、どれも一律にこのルールが適用されていたのです。

また、事務用品は職場の机の中にたくさんあったので、当社のコンサルタントが荻野社長に「1カ月くらい、事務用品を買うのをやめてみましょう」と提案して実行したところ、何の支障もありませんでした。たくさんあるから、大事に使わなくなる。それが事務用品であっても原材料であっても同じです。まとめ買いすると単価は安くなるかもしれないが、無駄遣いをして結局高くつき、在庫を置くスペースも必要になるので、結果的にコストはかさみます。

採算部門を明確にし、組織を改革

ヒアリングで課題が明確になったところで、まず組織について提案しました。

アメーバ経営では、社員一人ひとりが主体性を持ち、いきいきと働けるよう、各部門（アメーバ）が独自の経営体として自主・独立的に活動しながらも、会社全体の一部として機能している状態を目指しています。つまり、個々のアメーバが自主的に活動することで、会社全体も活性化するのです。

アメーバ経営を実現していくうえでは、（1）組織の役割、責任の明確化、（2）採算部門、非採算部門の明確化、（3）ダブルチェックが機能的に働く組織体制、（4）実績と活動が結びつく組織体制、の四つが重要です。

まず、アメーバ経営では、営業、製造、研究開発、管理部門の基本的な役割について次のように考えています。

営業部門

役割……注文を取り、納品し、売上・回収まで行う。

責任……受注・売上の確保・増大および回収。
利益を確保し、時間当り採算を向上させる。

製造部門

役割……製品価値を創出し、供給する。高品質・納期厳守を実現するとともに、競争力のある製品を生産する。

責任……生産付加価値の産出・向上。
市場で認められる製品、信用される製品を提供し、利益確保・時間当り採算を向上させる。

研究開発部門

役割……新製品・新技術を開発し、新しい製品価値を製造部門に提供しサポートする。

責任……限られた時間・経費で、競争力のある新製品・新技術を開発する。

管理部門

役割……採算部門の経営をサポートする。

経営理念・会社方針の伝達と浸透を図り、また会社の管理ルールの設定と運用を行う。

責任……管理ルールの徹底を図るとともに、会社全体の状況を把握し、企業経営が健全に行われるようにアドバイスする。利益確保・時間当り採算の向上を支援する。

営業機能を大幅に強化

これらを踏まえたうえで、新しい組織体制を提案し、変えていきました。それが図表3・1です。

まず、営業本部と製造本部を採算部門、それ以外を非採算部門に位置づけました。アメーバ経営では部門ごとに採算を見ていくので、会社としての利益を稼ぐ採算部門と、それをサポートする非採算部門を明確にする必要があります。採算部門は自部門の利益を拡大していく責任を負います。

図表3-1 荻野工業の組織図

アメーバ経営導入前

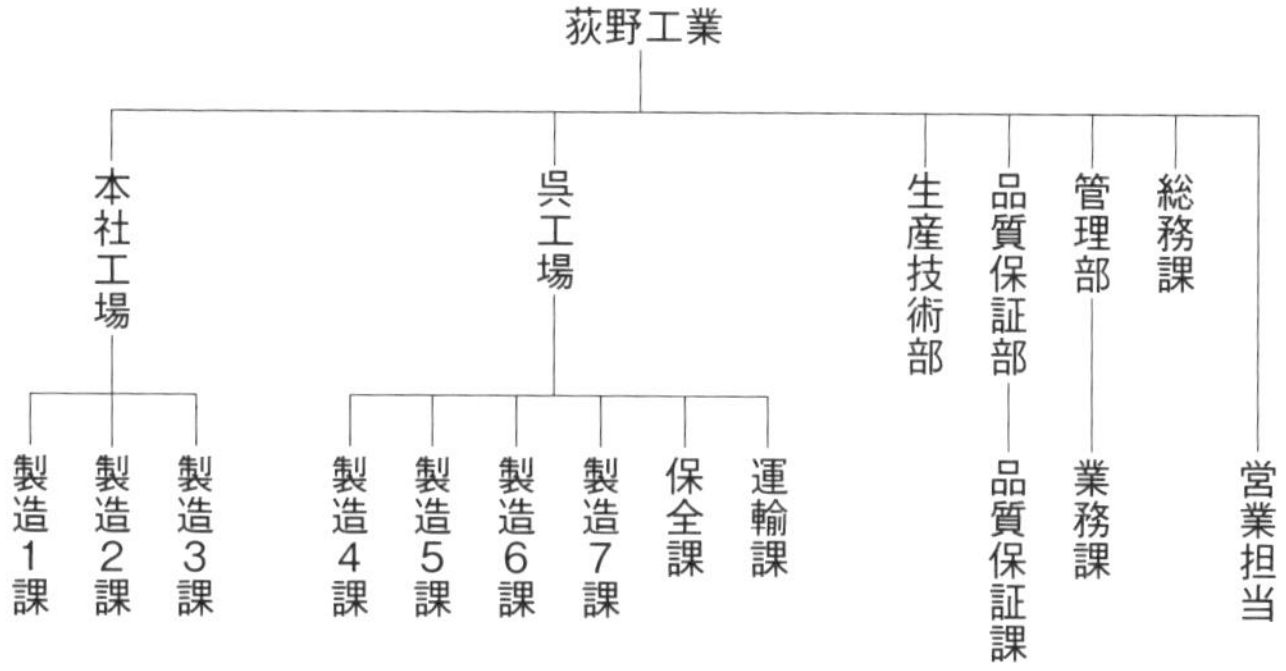

アメーバ経営導入後

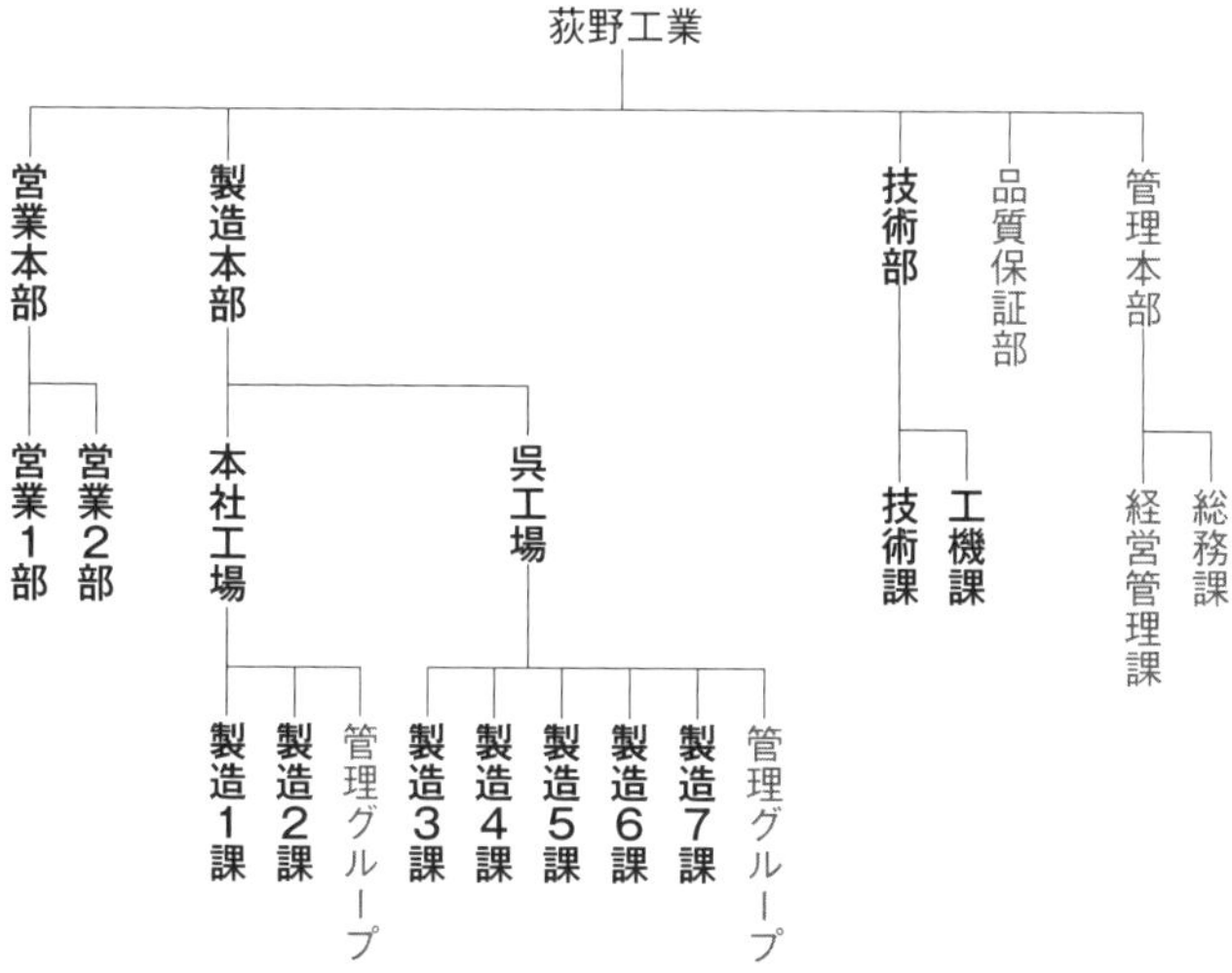

注）太字が採算部門

以前と大きく変えた点がいくつかあります。それまで営業は社長と担当者1人（兼任）が行っていて、営業部という部署はありませんでした。これは受注のほとんどをマツダにすべて依存していたがゆえの体制でした。しかし、マツダが世界最適調達を始めるからには、新規の取引先開拓が不可欠であり、営業機能を強化しなければなりません。そこで営業本部を新設し、マツダ関連を営業1部、マツダ以外を営業2部とし、専任者を置きました。

製造部門に関しては、本社工場と呉工場が連携することなく別々に動いていたのを統合し、生産技術部も合わせて製造本部とし、製造部門の総合力を発揮できる体制を作りました。さらに、各工場の製造部門ごとの採算を明確にするために、たとえば本社工場の製造1課であれば、バルブガイドグループ、ジョイントグループ、ベアリングキャップグループというように、製品のライン別に29のアメーバを組織しました。

技術部は、従来組織の保全部門を統合し、製造設備に関する窓口を明確化し、新規設備製作から設備改善および保全まで一貫したサービスを提供することが可能になりました（運用当初は非採算部門。10年後の見直しで採算部門化）。技術課は新規受注品の立ち上げから量産までをサポートし、生産高からフィー（内部技術料）を受け取るほか、自社開発の新製品の先行投資も行い、その売上から内部技術料を得る形にしました。また工機課は、製造部門から機械設備や工具の製作・修繕を請け負い、依頼元から代金をもらいます。このような形で収入を発生させることにより、技術部を運用開始から10年後に採算部門化しました。

一方、各工場が自主独立で経営できるように、製造間接（工場の設備点検、設備移動、工場実績のとりまとめなど側面から工場をサポートしていたスタッフ）を工場ごとに管理グループとしてまとめました。主な業務は、納期管理、材料の準備手配などの生産管理業務、工場に関する実績のとりまとめなどです。従来は、管理部業務課が生産管理を担っていましたが、それも各工場の管理グループに移行し、製造部門の受注を受け付ける窓口としたのです。これによって、工程の状況や採算の状況などを考慮した材料手配や納期管理が行いやすくなりました。

アメーバ経営推進のキーとなる管理部門を整備

管理部門は、採算部門の経営をサポートするとともに、管理ルールの徹底を図り、全社的な立場から会社の状況を把握しアドバイスする重要な部門なので、管理本部として組織上、明確に位置づけました。管理本部は経営管理課（実績管理、物流管理、情報システム、購買）と総務課（総務、経理）より構成されます。そして、アメーバ経営の運用ルールの管理、各部門の実績の集計、経営会議のサポートなどを行う、アメーバ経営推進のキーとなる部署です。

また、従来は購買管理が徹底されていなかったので、経営管理課に購買管理の役割を担わせるようにして、モノと伝票の「一対一の対応の原則」の厳守を図りました。伝票と現金は同じであり、モノが動くときは必ず伝票が伴わなければなりません。アメーバ経営では伝票に基づいて実績が集計されるので、モノだけ、あるいは伝票だけ動いてしまうと実態を数字で捉えることができなくなってしまいます。

何かを購入するときには、経営管理課に購入希望の品名、数量、希望納期、希望価格を伝え、同課が外部業者に対する発注業務に責任を持ち、仕入れ業者の選定、価格や納期の交渉・決定、発注書の作成を行います。

購買機能を一元化することにより、仕入れコストの削減、発注残管理、買掛残高管理の一元化、購買部門と購入依頼部門との間で内部牽制（ダブルチェック）が働く、購買情報の一元化などのメリットが見込まれます。

アメーバ経営の基本ルールを設定

アメーバ経営における基本運用ルールの考え方としては次の4点が重要です。

1　部門の活動が実績に基づいて採算表に反映されること
2　公平・公正かつ、シンプルであること
3　物と伝票が一対一で対応していること
4　実績と残高が対応していること

各部門の役割に沿って活動した結果である稼ぎ・経費・時間が、その部門の実績として正しく計上されることが必要です。ここが不正確だと、誰も数字をよくしようとは思いません。信頼性の高い数字を出すためにも、物と実績を計上するための伝票は一対一で対応していることが不可欠です。伝票に基づき実績計上処理を行う部門は、利害関係のない管理部門で行うことが大切です。

また、各部門の経営状況を正しく捉えるために、運用ルールが不公平なものであってはなりません。また、全員参加の経営を目指すからには、運用ルールは誰にでもわかるシンプルなものである必要があります。

数字は実績と残高という形で捉えます。実績の計上とともに、各実績に対応した残高（受注残・在庫）が発生します。

採算部門での稼ぎの捉え方

部門別採算制度を導入する際、最も注意すべき点は各部門の収入をどのように捉えていくかということにあります。荻野工業の場合、マツダから受けた注文を、マツダの図面、仕様に基づいて製造するので「受注生産方式」に当てはまります。

受注生産方式では、見積もりを行うのは製造部門です。受注に当たっての値決めは従来、社長か営業担当者が「勘と経験」に基づいて行っていましたが、製造部門がきちんと見積りを行う体制に改めました。なぜそうしたかというと、受注生産方式の場合、顧客の見積もり依頼に対して、一品一品図面や仕様が異なるため、見積もりには技術上の見極めや製造の採算の判断が必要になるからです。最終的には製造部門が作成した見積もりに基づいて営業部門が見積書を作成し、顧客と交渉を重ね、契約金額が決まります。

製造部門は、生産完了時に契約単価で生産高を計上します。そして、生産高に応じた手数料を営業部門に支払います。荻野工業では、営業手数料を受注金額の5％に設定しました。

下請け協力会社の場合、5％の営業手数料というのはかなり高い水準でしたが、「脱下請けを実現して、メーカーを目指す」という荻野社長の強い決意の表れでもありました。実は、

図表3-2 営業と製造の稼ぎの捉え方

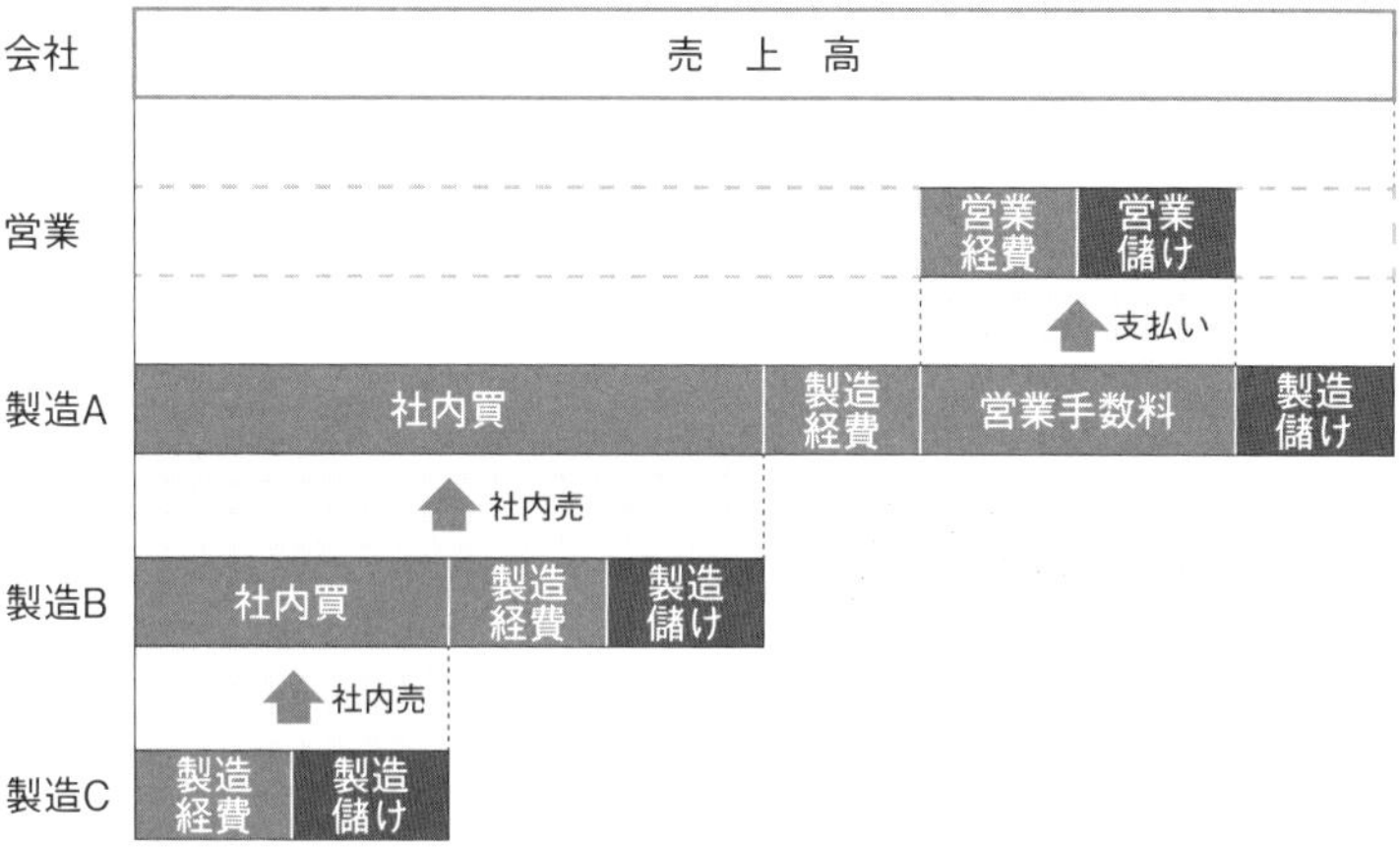

この意欲的な取り組みが、後で紹介するように、外部環境の激変という事態に直面しても、簡単には赤字に転落しない筋肉質の経営体質を作り上げることにつながったのです。

営業部門は製造部門から受け取った手数料が収入源となり、そこから営業経費を差し引いたものが営業部門の差引収益となります。

復習になりますが、採算表で特に重要な指標は差引収益と時間当りの二つです。差引収益とは、各アメーバが1カ月間に働いて得られた付加価値を表しており、その付加価値は事業を営む部門の価値をいかに世の中が認めてくれたかを表すものと言えます。時間当りは、部門の生み出した1時間当りの付加価値を表しています。

アメーバ経営では単に利益を追求するので

図表3-3 差引収益と時間当りの算出法

稼ぎ（総収益） － 経費（経費合計） ＝ **儲け（差引収益）**

儲け（差引収益） ÷ 時間（総時間） ＝ **時間当り**

はなく、額に汗して働き、お客さまのニーズに合った商品・サービスを開発し、コストを引き下げて売上を伸ばし、どれだけ世の中に貢献できるかを大切にしています。利益はその結果として生まれるものです。

時間当りを上げていくには、商品・サービスのレベルを高めると同時に、いかにその部門の人間性のレベルを高め、組織をまとめ上げ、部門全体の質を高めていけるかがポイントになります。

荻野工業で導入した採算表の項目を説明したのが、図表3－4と3－5です。営業系と製造系では採算表の項目に違いがあるので、それぞれ載せました。

図表3-4 営業本部、管理部、総務部用採算表の科目一覧

	科目		科目の説明
1	受注高		当月の受注高
2	売上高		当月の売上高
3	総収益（受取口銭）		部門の収入（「2 売上高」×「口銭率」）
4	控除額		部門経営にかかった経費の合計（5~29の合計）
5	旅費交通費		国内・海外出張の旅費、タクシー代などの交通費
6	通信費		電話代、ファクス代、書類発送費
7	運賃		客先への発送に関わる運賃
8	広告宣伝費		会社案内、カレンダー制作費、求人広告
9	接待交際費		社外に対する慶弔金、飲食代、中元・歳暮
10	水道光熱費		電力料、水道代、ガス代
11	事務用消耗品費		事務用品代、伝票代、封筒代、名刺代、10万円未満の備品
12	租税公課		印紙代、自動車税、軽油税、事業税
13	賃借料		土地（駐車場）、寮および借り上げ社宅
14	リース料		複写機、ファクスなどのリース代
15	減価償却費		10万円以上の設備、工具、備品、車両。建物、建物付属設備
16	厚生費		忘年会などの補助金、お茶代
17	雑給		パートに支払う人件費
18	雑費		上記以外に発生した経費
19	支払手数料		振込手数料
20	保険料		自動車保険
21	組合費		業界団体の会費
22	CR額		取引先との関係でスポットに発生するコストダウン額
23	営業外収益		通常の取引とは別に発生する収益
24	営業外費用		通常の取引とは別に発生する費用
25	その他		どの部門にも属さない全社的な費用を計上（本社収支）
26	内部技術料		生産技術部に支払うロイヤルティ（先行投資フィー）
27	部門内振替		部門内の間接部門で発生した経費を按分計上
28	部門間振替		品質保証部で発生した経費を按分計上
29	本社経費		管理部・総務部で発生した経費を按分計上
30	差引収益		部門経営により生み出された付加価値（「3総収益」－「4控除額」）
31	（差引比率）		総収益に対する差引収益の比率（「30差引収益」÷「3総収益」×100）
32	総時間		部門の総稼働時間（下記の33~41）
33	定時間	自部門	自部門の人員の定時間
34		応援時間	部門間の応援業務などで発生した移動時間
35	残業時間	自部門	自部門の人員の残業時間
36		みなし	部門に在籍するみなし残業対象者のみなし残業時間
37		応援時間	部門間の応援業務などで発生した移動時間
38	残業時間計		部門の残業時間の合計（上記33~37の合計）
39	部門内振替		部門内の間接部門で発生した時間を按分計上
40	部門間振替		品質保証部で発生した時間を按分計上
41	本社時間		管理部・総務部で発生した時間を按分計上
42	時間当り		部門の1時間当りの付加価値（「30 差引収益」÷「32 総時間)」
43	時間当り売上高		部門の1時間当りの売上高（「2 売上高」÷「32 総時間」）
44	按分人員		月初在籍人員を係数に基づき按分計上

注）「CR額」「内部技術料」は運用開始から10年後の見直し時に追加

図表3-5 製造本部、品質保証部、商品開発部用採算表の科目一覧

	科目		科目の説明
1	総出荷		部門の総出荷金額
2	社外出荷		客先からの受注にも基づき生産した製品の出荷金額
3	社内売		社内他部門への出荷金額
4	社内買		社内他部門からの購入金額
5	総生産		当月の部門の収入
6	控除額		部門経営にかかった経費の合計
7	主要材料		生産に直接使用される材料(鋳物、ダイキャスト、バー材、ベアリング)
8	補助材料		生産に補助的に使用されるもの(潤滑油、切削油、グリース、手袋、作業着)
9	外注加工費①		外部業者に加工を委託した際に発生する費用
10	外注加工費②		派遣会社に支払う費用
11	消耗工具備品		バイト、ドリル、砥石などの消耗器工具
12	内部消耗工具費		技術部工機課との社内売買のうち、固定資産にならない治具や工具の修繕費
13	修繕費		固定資産の修理点検、整備に関わる費用
14	電力料		電力料
15	水道光熱費		水道代、ガス代
16	運賃荷造費		社内の運搬にて発生する費用、部品発送のための梱包代
17	旅費交通費		国内・海外出張の旅費、タクシー代などの交通費
18	接待交際費		社外に対する慶弔金、飲食代、中元・歳暮
19	通信費		電話代、ファクス代、書類発送費
20	事務用消耗品費		事務用品代、伝票代、封筒代、名刺代、10万円未満の備品
21	試験研究費		試験研究に関わる経費
22	租税公課		印紙代、自動車税、軽油税、事業税
23	賃借料		土地（駐車場)、寮および借り上げ社宅
24	リース料		複写機、ファクスなどのリース代
25	減価償却費		10万円以上の設備、工具、備品、車両。建物、建物付属設備
26	厚生費		忘年会などの補助金、お茶代、昼食代の補助
27	雑給		パートに支払う人件費
28	雑費		上記以外に発生した経費
29	内部技術料		技術部に支払うロイヤルティ
30	営業手数料		営業部門に支払う手数料（「2 社外出荷」×「口銭率」)
31	部門内振替		部門内の間接部門で発生した経費を按分計上
32	部門間振替		品質保証部で発生した経費を按分計上
33	本社経費		管理部・総務部で発生した経費を按分計上
34	差引収益		部門経営により生み出された付加価値（「5総生産」－「6控除額」)
35	（差引比率)		総収益に対する差引収益の比率（「34差引収益」÷「5総生産」×100)
36	総時間		部門の総稼働時間（下記の37～45)
37	定時間	自部門	自部門の人員の定時間
38		応援時間	部門間の応援業務などで発生した移動時間
39	残業時間	自部門	自部門の人員の残業時間
40		みなし	部門に在籍するみなし残業対象者のみなし残業時間
41		応援時間	部門間の応援業務などで発生した移動時間
42	残業時間計		部門の残業時間の合計（上記37～41の合計)
43	部門内振替		部門内の間接部門で発生した時間を按分計上
44	部門間振替		品質保証部で発生した時間を按分計上
45	本社時間		管理部・総務部で発生した時間を按分計上
46	時間当り		部門の1時間当りの付加価値（「34差引収益」÷「36総時間」)
47	時間当り売上高		部門の１時間当りの売上高（「5総生産」÷「36総時間」)
48	按分人員		月初在籍人員を係数に基づき按分計上

注)「内部技術料」は運用開始から10年後の見直し時に追加

正しい数字をつかむためのルール作り

実際に部門別採算制度を導入し、運用していくにはさらに細かくルールを決めていく必要があります。たとえば、どの時点で売上と認めるかです。

製造部門の生産高には、社外の顧客に出荷する社外出荷と、社内売買によるものがあります。社外出荷の場合は、完成品が客先へ出荷され、売上納品書（控えなど）を経営管理課実績管理で受け付けた時点で、社外出荷実績が認められます。実績の締めは、日次は午後5時、月次の締めは月末最終稼働日の午後5時です。

一方、社内売買に関しては、製造・加工が終了し、依頼元部門にて社内生産伝票を起票し、モノと社内生産伝票を依頼部門に渡します。依頼部門の承認後、経営管理課実績管理において社内生産伝票を受け付けた時点で、社内売買実績が計上されます。締め切りは社外出荷と同じです。

営業部門の受注高に関しては、客先からの注文データに基づき、その納期が1カ月以内のものについて受注実績を認めます。受注情報が記載された帳票を経営管理課実績管理グループが受け付けた時点で、受注実績は計上されます。実績の締めは、日次は午後5時、月次の締めは月末最終稼働日の午後5時です。

在庫を持つと金利も負担

一方、経費に関するルールの原則は、経費を使うことによって何らかの利益を得る部門（受益者）が負担することです。部門が限定できないときは、経費内容を検討したうえで各部門に配賦します。

経費の計上基準は、購買品（主要材料、消耗品、事務用品など）については、原則として入荷時点としています。ただし、主要材料の共通材については、要求元の払い出し要求に基づき、払い出した時点で経費計上することにしました。これにより、製造現場では生産実績に対する材料投入が適切であるかどうかが明確になり、その後の改善努力が数字で明確になります。

人件費は、採算表では取り扱いません。時間当り採算表は、部門のメンバーの総力によって生み出された付加価値を見ていく資料です。メンバーが共通の目標値を持つことにより、メンバーのエネルギーを結集することが可能になります。

荻野工業では採用しませんでしたが、京セラでは各部門が社内金利の負担もしています。

在庫や固定資産、売掛金を持つことは会社の運転資金を使っていることを意味しています。会社の経営体質を強化するために、在庫、固定資産、売掛金に責任を持つ部門を明確にすると同時に、その部門から金利を徴収することによって、在庫削減・売掛金の早期回収を促します。

新人女性リーダーの成功体験が起爆剤に

荻野工業でアメーバ経営の推進力となったのは、30代以下の比較的若いメンバーたちでした。その中でも、高卒で入社1年目のKさんは、最年少でアメーバリーダーとして荻野社長に抜擢され、成果をあげていきました。Kさんの登用を担当コンサルタントも予想しておらず、当社のコンサルタントが荻野社長に「若手登用はいいと思いますが、さすがに新入社員には荷が重いのではないか」と苦言を呈しましたが、荻野社長の返答は「問題なし」でした。荻野社長は彼女の素質とやる気を見抜いていたのかもしれません。

Kさんが運営する部門のメンバーは、彼女の両親と同じような年齢の人ばかり。リーダーとして何をしていいかわからず、「最初は手探り状態で業務に臨んでいた」とKさんは言います。Kさんはまず「買い物帳」をつくり出し、家計簿のように経費が発生するたびにノートに発生日と発生金額を記録していきました。本当に単純な表だったのですが、買い物帳に記録していくことで、どんな経費がいつごろ、いくら発生するかを把握していきました。次に、その感覚を生かして、その月にどのくらいの経費を使うか、月初に計画し、会社の承認を得た数字に対する進捗管理をしたわけです。本人の弁によると、「どうしていいかわからなかったので、母親に相談し、話しているうちに思いついた」そうです。現場は油を使うため、買い物帳は油にまみれて文字もよく読めないくらいでしたが、仕事の合間に一生懸命に記入していました。

しばらくすると、経費に加えて、労働時間も、同じノートで管理し始めました。特に残業時間や他の部署に応援に行ったり、応援に来てもらったりするときの移動時間は緻密に記録されていました。さらに、時間を管理するだけでなく、自ら率先して、空き時間は他部門へ応援に行きました。

その姿を見て次第にメンバーも目標達成のために協力するようになり、2カ月後には時間当りが向上しはじめました。そのころには誰が見ても、部門の雰囲気やメンバーの動きもよくなっていました。その後Kさんのアメーバでは、月初に立てた採算の予定と実際の成績が一致するようになったのです。彼女は見事に予実管理をやってのけたのです。当時は女性のリーダーが多かったこともあり、Kさんの成功事例が他のアメーバにも広まっていき、多くの部門で業績が上がりはじめました。

導入６カ月後、荻野社長が当初目標としていた時間当り２０００円を全社で実現し、通期では売上高営業利益率４％（前期の2倍）を達成しました。

マツダ１社への依存から抜け出すため、新規顧客の開拓にも取り組み、導入後の2年間で売上高に占めるマツダ比率は90％から65％に低下。売上高は50億円、売上高営業利益率も向上しました。

しかし、その数カ月後に試練が待ち受けていました。マツダは２００１年3月期決算が過去最悪の赤字額になり、経営再建に大なたを振るわざるをえない状況に陥りました。世界最適調達を行うことはわかっていたのですが、その影響は荻野社長の予想をはるかに超えた厳しさだったのです。マツダからの発注は急減し、２００１年度の売上高は38億円にまで減少、荻野社長は58才以上の社員21人の早期退職という苦渋の決断を下しました。ただし、赤字転落は免れました。

その後、製造部門の増員を派遣社員で対応しつつ、要となる営業や技術は正社員を採用するなど事業体制を立て直すとともに、マツダ以外の自動車メーカーや電機メーカーなどの新規顧客開拓に全社一丸となって取り組みました。新製品開発などにも力を注ぎ、その結果、業績は右肩上がりで伸びていきました。２００６年には「フィロソフィ教育」も導入。

２００７年度には売上高70億円、経営利益も過去最高を記録しました。いよいよ全社一丸となって、新規顧客開拓とさらなる業容の拡大に取り組む態勢が整ったのです。

しかし、さらなる困難が待ち受けていました。リーマン・ショックを引き金に起きた世界同時不況です。

リーマン・ショックをアメーバ経営で乗り切る

２００８年9月にリーマン・ブラザーズが破綻し、それ以降、連鎖的に世界中が金融危機に陥りました。世界経済も大きな打撃を受け、日本経済もマイナス成長、デフレという悪循環にはまってしまいました。

荻野社長は２００８年の春ごろから、「何かおかしい、気を引き締めろ」と会議で注意を喚起していました。9月のリーマン・ショックのあと、荻野社長は全社に「11月の売上見通しが一定基準以下であれば、大きな施策に打って出る」という社長方針を全社に発信しました。実際のところ、各部門から報告が上がってきた11月の売上予定はとても厳しい内容でした。荻野社長は幹部を緊急招集し、２００８年度の売上高と利益見通しを立てました。結論は、「このままでは確実に赤字になる」という大変厳しいものでした。

幹部は、この結果をすぐに現場に持ち帰り、各アメーバリーダーと対策を協議しました。しかし、経費をどう削っても会社全体の業績を黒字にすることはできません。

アメーバリーダーたちは、さらなる経費削減と派遣社員の労働時間の見直しなどによって、売上高が3割減っても黒字を確保できる見通しを経営計画としてとりまとめて、社長に提案し、決断を迫りました。「経営陣と現場が経営状況と先行きを共有しているため、危機感を持って提案をどんどん上げてくるので、社長としてスピード感のある手を打ちやすい。リーダーが私と同じ気持ちになって経営してくれる」と荻野社長は言います。

最終的に荻野社長の決断によって、アメーバリーダーたちが作ったプランが実行されました。その後、コスト削減、生産性の向上など、採算を改善させるために効果がありそうな社員提案がどんどん実行に移され、生産性は一気に20％もアップしました。その結果、売上高は前期比75％でしたが、黒字を確保することができたのです。その翌年度も売上は十分に回復しませんでしたが、工場長をはじめとするリーダーの執念と現場力で時間当りは一気に１０００円以上回復しました。

荻野社長はこう言います。

「会社を伸ばしていくためには、悪くなる前に注意しなければいけない。だからこそ、現場の状況を正確な数字でリアルタイムに把握できることが重要です。そうした環境の変化にい

図表3-6　荻野工業の業績推移

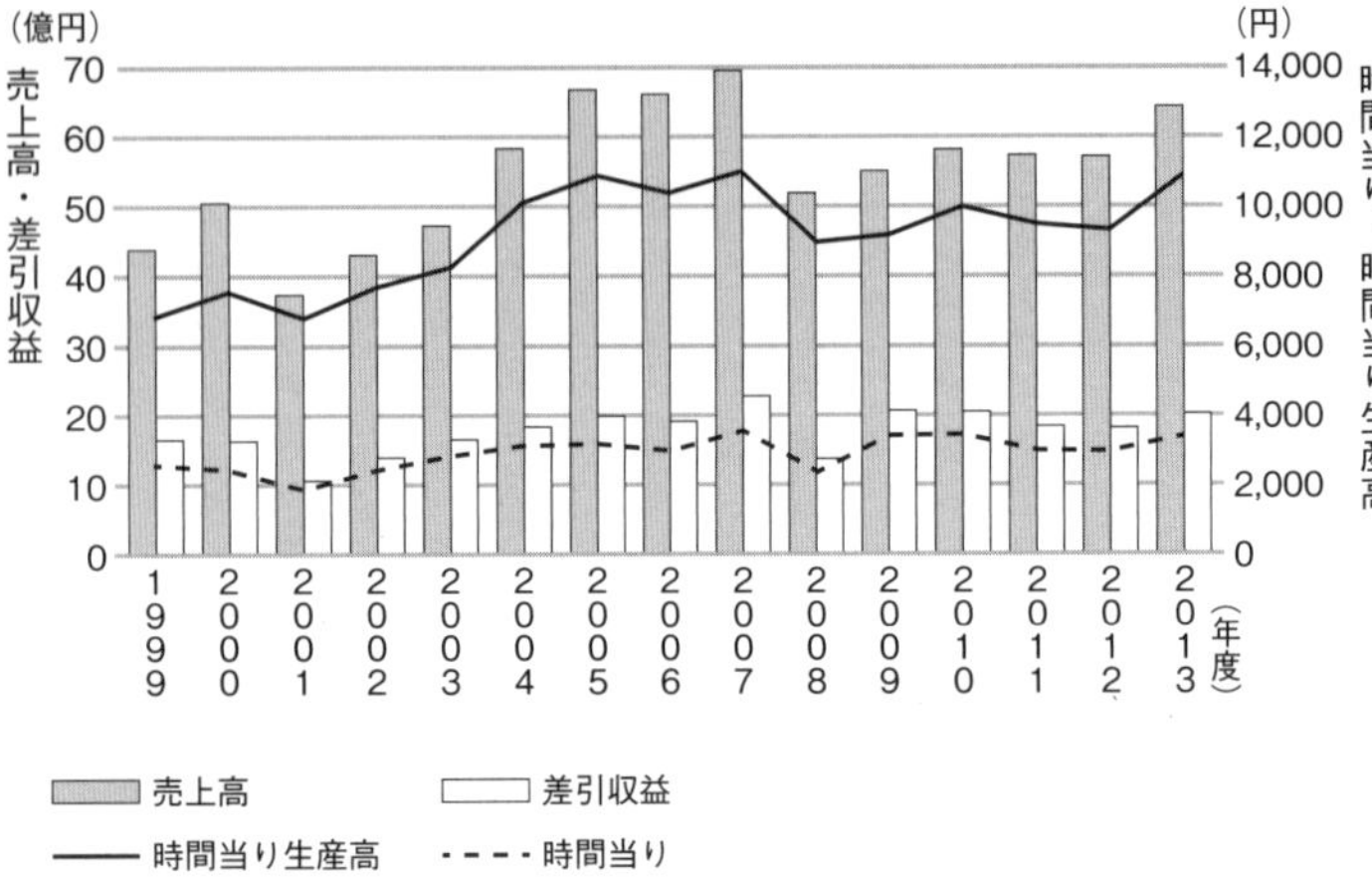

ち早く気づき、迅速に対応していくためにも、アメーバ経営とフィロソフィがなければ経営が成り立たない」

第4章

業種を越えて広がるアメーバ経営

Promoting Profitable Growth by the Amoeba Management

患者増でも経営環境は厳しくなる医療業界

アメーバ経営は、もともと京セラの経営手法なので、製造業にしか適用できないのではないかと思っている人がいまだにたくさんいます。第2章で紹介したように、JAL再建にアメーバ経営が導入されたことにより、製造業以外でも存分に活用できることをわかっていただけるようになってきました。

確かに、アメーバ経営のコンサルティング事業を立ち上げてからしばらくは、導入先は製造業が中心でした。アメーバ経営の部門別採算制度やフィロソフィ教育の効果は、どの業種にも共通しているという確信が私にはありましたが、製造業以外の異業種は未知の事業分野なので、当初は試行錯誤もありました。特に、部門別採算制度や社内売買の仕組みを、サービス業などのモノが動かない事業にどのように当てはめていくかが課題でした。その典型が、医療や介護分野です。

医療分野に関しては2000年くらいから研究を始め、2005年ごろに医療版アメーバ経営を確立することができました。2014年3月時点で、すでに60法人の医療機関や介護施設が、アメーバ経営を導入しています。医療機関向けには「京セラ式病院原価管理手法」

という名で事業を展開していますが、意味するところはアメーバ経営と変わりません。

今後、日本では高齢化がますます進み、医療・介護サービスの需要は確実に増えていきます。しかし、国の財政状況はひっ迫しており、医療や介護の基盤となっている公的保険制度の存続に黄色信号がともっているのが実情です。医療サービスの単価は診療報酬として国により定められていて、2年に1度見直されます。国民医療費は右肩上がりで伸び、２０１３年度には約40兆円を超える見込みです。そのうちの約4割を国と地方自治体が負担しているため、財政上の重荷になっています。今後、公的保険制度を維持するために、国は診療報酬の引き下げや、公的保険でカバーする医療サービスの範囲を限定するなど、何らかの手を打つ可能性が考えられます。つまり、患者数は増えるかもしれないが、経営環境は厳しくなる懸念があるのです。

現状においても6割以上の病院が赤字経営となっており、自治体病院に関しては8割超、民間病院も約5割が赤字と言われています。そうした状況の中で、医療機関が利益を出せるようにお手伝いすることは、社会的にも非常に意義のあることだと私は考えています。

医業経営の世界では、「患者を助けることが最優先で経営は二の次」と考えている病院経営者が多く、利益という言葉を口にすると「私たちは金儲けするために医療をやっているんじゃない！」と不快感をあらわにする医師や看護師も少なくありません。私も当初は、利益を追求するアメーバ経営を医療分野に適用するのは難しいだろうと考えていました。しかし、そんな考えを変えてくれるきっかけがありました。それは、今から十数年前のことです。新潟県の歯科の医療法人の理事長が私を訪ねてこられ、「森田さん、アメーバ経営を教えてくれ」と言われました。

この理事長は、稲盛さんが主宰する盛和塾の塾生で、そこでアメーバ経営に興味を持ったとのことでした。私は「アメーバ経営は利益を追求する仕組みであり、医療分野には向かないのでは」と申し上げたところ、理事長は「健全な医療を続けるためには、健全な経営ができていなければなりません。だからアメーバ経営が必要なのです」との返答がありました。そこで、経営のお手伝いをすることに決めました。

医療機関でも、利益が出ていなければ、高い品質の医療は提供できません。赤字がかさんで潰れてしまったら、一番困るのはそこにかかっていた患者さんや職員たちです。

会社と同じで病院経営もゴーイングコンサーン、つまり永続性が欠かせません。そのために、病院においても適正な利益をあげ、医療の充実を図っていくことが必要なのです。

赤字病院に導入、１年目から黒字化に成功

病院でアメーバ経営を本格的に導入した第１号は、兵庫県たつの市のとくなが病院（１０９床）でした。２００１年に小泉内閣が発足後、２００２年と２００４年に診療報酬改定が行われ、２回連続で報酬が引き下げられ、多くの医療機関が経営にダメージを受けました。とくなが病院もそうした医療機関の一つで、２００６年にアメーバ経営の導入に着手しました。病院側から私たちに、アメーバ経営による経営改善に取り組みたいと要望があり、お手伝いすることにしました。当時（２００４年度）の売上高は約11億円、営業利益はマイナス改定の影響で２０００万円の赤字でした。しかし、アメーバ経営の導入後、１年目から黒字化に成功し、営業利益は１年目２０００万円、２年目４０００万円、３年目６０００万円と上がっていきました。

まず、病院の収入源である診療報酬の請求漏れをチェックすることから始めました。医療機関がレセプトと呼ばれる診療報酬の明細書を作成し、診療報酬支払基金という組織に申請しないと支払われない仕組みになっています。そこで、診療したのに請求を忘れていたものを徹底的に洗い出しました。たいていの医療機関では、診療報酬の申請漏れが多かれ少なか

れあるものです。

また、そのころ病院では、建物改修を計画しており、建設会社から見積もりをとっていたところでした。私たちは「ちょっと見せてください」といって書類を借り、京セラの購買部のベテラン社員に見せたのです。その人は京セラの工場をいくつも造った経験があり、工事の値段を知り尽くしています。購買部のベテラン社員は「これは高すぎる」と言って絶句していました。彼の力を借りて、工事の価格を大幅に引き下げることに成功しました。

並行して、部門別採算の仕組みを導入し、経費削減に取り組みました。院長を中心に各部門の代表をメンバーとする経営会議を月に1度開催し、メンバーから収支の報告をしてもらうことにしました。すると、これをきっかけに各部署からさまざまな経費節減案や増収案が出るようになったのです。

実はほとんどの病院で、院内では医師の発言権が非常に大きく、看護師のほか薬剤師、放射線技師、栄養士などのコメディカルと呼ばれる人たちは、医師に面と向かってモノを言いづらい雰囲気があります。つまり「こうすればもっといいのに」と思っていても、言えない。そこで経営会議では、院長や当社のコンサルタントが交通整理をしながら、改善アイデアを吸い上げていきました。

たとえば、当社のコンサルタントが薬剤部の収支を見ながら、「薬剤部は薬の在庫が多いですね。どうしてそんなに多いのですか」と聞くと、薬剤部の責任者が「同じ効能の薬が重複してあるからです。たとえばこの薬を処方するドクターは２人で、今は６種類ありますが、２人のドクターが同じ薬を使ってくれれば、もっと減らせるのですが」といった話が出ます。すると院長が会議のあとで２人のドクターを呼んで話し合い、種類を減らすことができました。

これをきっかけに、薬の種類の絞り込みが進められました。種類を絞り込むと、１種類当たりの購入量が増えるので、仕入れ単価の引き下げが可能です。また、薬には有効期限があるので、種類が少ないほど廃棄率も下がる。こうした改善により、薬剤部の収支は大幅に改善しました。

入院患者がいる病棟でも、月ごとに各病棟の採算を出すようにしました。すると、病棟を担当する看護師は、「ベッドが空いたらすぐに埋めたい」と考え、退院が近い患者が出そうになるとすぐに医師に伝えるようになりました。以前は、「入院患者が増えると忙しくなるだけで、いいことなど何もない」と感じていたのに大きな変わりようです。

仕事の成果は「考え方×熱意×能力」だということを思い出してください。看護師の熱意と能力は、もともとすごく高い。しかし、考え方がマイナスだと結果もマイナスです。部門別採算制度の導入をきっかけに、考え方がプラスに変わり、成果が出始めたのです。

数字が出てくると、それを見て、何とか工夫をして、よりよくしていこうと考えます。経営に関心を持ち、病院の経営が健全だということが見えてくると、職員たちはどんどん元気になっていきます。逆に、病院が赤字続きで先行きに懸念があると不安になる。医師は働き口には困りませんが、看護師やコメディカルの人たちはベテランであっても、よその病院に移れば、よほどの人でない限り一兵卒扱いです。そうしたこともあってか、看護師やコメディカル、そして事務職の人たちが、アメーバ経営に非常に熱心に取り組むようになりました。

私は、病院の経営とアメーバ経営は、非常に親和性が高いと実感しています。たとえば、病院のスタッフには、医師、看護師、コメディカルなどの医療職と、診療報酬を集計する医事課や人事・総務などに携わる事務職がいますが、医療職の割合が80～90%と圧倒的に高い。医療職であれば、患者にサービスを提供するたびに収入がある、と捉えていくことができます。つまり、80～90%の従業員の収支をアメーバ経営で見ていくことができるのです。

また、アメーバ経営では、経費に人件費をカウントしません。病院では医師の給与が突出して高いので、これが表に出ると何かと噂になるし、医師自身も嫌な思いをするはずです。成果を時間当り採算で示せば、医師の給与を明かすことなく、部門が稼いだ利益を示すことができ、この点も医療機関がアメーバ経営を受け入れやすい理由の一つです。

本書では、もう一つ、アメーバ経営を導入した社会医療法人天神会（古賀伸彦理事長）の事例を紹介します。この事例を通じて、部門別採算制度や院内協力対価の仕組みや効果を詳しく解説します。

ケーススタディー02　社会医療法人天神会（福岡県久留米市）
職種の壁を越え、医療の質と採算を両立

天神会は福岡県久留米市で、新古賀病院（２０２床）、古賀病院21（２００床）、健診や透析が中心の新古賀クリニックなどを経営する、職員約１２００人の医療グループです。

創設は１９４６年、古賀理事長の父親が開設した内科医院にさかのぼります。医療法人の創設は１９９２年で、久留米市の中核的病院として、地域に根ざした運営を行っています。

新古賀病院は地域医療支援病院として、救急や循環器科の治療に強みを持ち、古賀病院21は他に先駆けてＰＥＴ（陽電子放射断層撮影）や放射線治療機器「トモセラピー」を導入しています。先進的な医療体制の提供をベースに、近年は海外からの患者を受け入れるメディカルツーリズムに取り組むなど、常に積極的な姿勢で知られています。アメーバ経営を導入し

図表4-1 アメーバ経営導入の背景

｜現状｜

・最先端医療の提供など、医療サービスは充実
・赤字を出したことがない健全経営

｜課題｜

・職種間、部門間の連携が希薄
・中間管理層が育っていない
・職員の自立性・自発性が低い

▼

今後の成長・発展の基礎となる、組織・人材が育成されていない

たのは２０１０年のことでした。

天神会は創立以来、一度も赤字になったことがなく健全経営を続けていました。それなのに理事長の古賀伸彦氏がアメーバ経営導入を決意したのは、「先が見えない漠然とした不安を感じていた」からでした。

それまではいわば古賀理事長のワンマン経営であり、経営者として、また医師として、法人全体に目を配り、意思決定をし、まるで機関車のように組織という重い車両を独りで引っ張っていました。もともとは古賀病院を運営していましたが、96年に新古賀病院、２００２年に古賀病院21を開設し、その後もＰＥＴ診断センターのオープンや心臓ＭＲＩ検診開始、介護事業への進出など、順調に業容を拡大してきました。しかし、機関車が引っ張る車両が長くなるにつれ、速く進めなくなってきたことを、古賀理事長は強く感じ始めていたのです。

たとえば、組織が大きくなるにつれ、現場の状況がだんだん見えなくなっていきました。部門長からはいつも「問題なし」という報告が上がってくる。しかし、問題のない組織などありません。「問題なし」という報告がいつも上がってくること自体が問題であり、自分たちで課題を発見して解決していこうとする意識が低下している可能性もあります。職員の中には、自分なりの問題意識を持ち、業務改善に取り組もうとしていた人もいたはずですが、部門長からの型通りの報告で誰がどうがんばっているかも見えなくなっていたそうです。

現場の人たちは、患者のことは一生懸命考えますが、採算に関しては何か工夫して経費削減や増収に取り組もうとする意欲に乏しく、経営に関しては理事長に任せきりで、自分たちは言われたことをやっていればいいとの考えが蔓延していました。危機感を持っていた古賀理事長は、現場に赴いて職員とのコミュニケーションを図ろうとしましたが、自分の考えがなかなか伝わらず悩んでいたそうです。

収支に関しても、施設ごとのトータルの数字しかわからなかったので、診療科別の収益性は見えませんでした。古賀理事長には、「地道にがんばっている職員に報いてあげたい」という考えが強くありましたが、評価しようにも成果が見えない、というもどかしさを感じていたようです。有能な人材の流出という残念な出来事も起き始めていました。

そうした状態から抜け出すために、古賀理事長が目をつけ導入を決めたのが、京セラ式病院原価管理手法だったのです。2010年2月、私たちは古賀理事長から相談を受け、すぐにアメーバ経営の導入に着手しました。目指すのは、機関車型ではなく新幹線型のマネジメントです。機関車は先頭車両のみに動力がついており、後の車両は引っ張られているだけ。これが天神会の姿でした。トップ一人の力では、引っ張ることのできる車両の数にも限界があります。一方、新幹線は各車両に動力がついていて、制御されています。それで速く走れるのですが、優れているのは、車両ごとに細かく制御できる点です。細かく制御して狙ったところに行く。これは経営でも、とても大事なところです。

理事長が独りで組織を引っ張るワンマンの体制から、職員一人ひとりが経営者と思いを共有し、診療だけでなく経営にも参加することを目標に、改革がスタートしました。

不明確だった役割と責任

アメーバ経営の導入は図表4-2のようなスケジュールで取り組みました。

最初の2カ月は各部署の長を対象にしたヒアリングです。当社のコンサルタントが全員から1時間ずつ話を聞きました。ここで出てきた課題について、関係者をメンバーとするプロジェクトを立ち上げ、その後の3カ月で検討していきました。そのテーマは組織のあり方、

図表4-2 アメーバ経営導入スケジュール

内容		導入編（５カ月）	運用編（７カ月）	浸透編（12カ月）
仕組みの構築	ヒアリング			
	プロジェクト活動			
運用支援	システム導入			
	説明会			

経営数値の出し方のルール、部門間のコミュニケーションの改善、会議のあり方などです。

その後、プロジェクトの活動結果に関して院内で説明会を開き、実際に実行してもらう。並行して、経営数字を集計して、京セラ式の原価管理表を作成するための情報システムの構築を進めます。

現場のヒアリングでさまざまなことがわかりました。

まず、天神会には複数の組織図がありました。これはなぜかというと、そもそも公式の組織図は存在しておらず、病院機能評価の審査時など、外部から求められるたびに作っていたので複数存在し、しかも現場の職員にはまったく周知されていませんでした。理事長自身もどれが正しい組織図なのか知らない、という状況でした。

二つめの課題は、各役職の仕事の範囲や権限、責任が定まっていないこと。科長という肩書を持つ人たちに、「どういった権限がありますか」「仕事の範囲はどこからどこまでですか」と聞くと、ばらばらの答えが返ってきました。

三つめの課題は、営業機能の欠如です。病院が売上を上げていくには、他の医療機関からの紹介患者や、健診の受信者数を増やすことが欠かせません。しかし、誰が責任を持って営業を行うのかが不明確でした。各病院にはそれぞれ地域連携室という部門があり、ほかの診療所に働きかけて患者を紹介してもらったり、紹介患者の状況を報告したりと、他の医療機関や介護施設との連携を図り、患者数を増やす活動をしています。ところが、病院ごとに独立して活動していて、情報共有がされていませんでした。新古賀病院と古賀病院21の担当者が別々に、連携先の診療所を訪れることもあり、連携先の診療所のほうは、紹介したい患者がいてもどちらに連絡したらいいかがわからない、といった混乱もあったようです。

経営数値の把握に関しても課題がたくさん見つかりました。天神会の収入源は、新古賀病院、古賀病院21、新古賀クリニックの3施設ですが、それまで出されていたのは施設ごとの損益計算書だけでした。また、固定資産台帳と現物が一致せず、すでに廃棄されているかなり金額の大きなものが記載されているなど、いろいろな不備がありました。

事業年度前に作成されていた予算についても、それが達成しなければならない目標であると認識していた職員はほとんどいません。おそらく、理事長と事務長の2人だけで予算を作っていたので、ほかの職員は人ごとのように感じていたのでしょう。

法人内のコミュニケーションについても、問題点がありました。病院組織というのは、医師は診療部、看護師は看護部、放射線技師は医療技術部というように資格別に組織が形成されるのが一般的ですが、これが情報伝達の壁になりがちです。実際に天神会では、看護部内で起きているさまざまな出来事が理事長の耳に届かない、ということが起きていました。また、施設間や部門間にわたる横断的な会議はなかったので、各施設でどんな事業をしているのか、今何が問題になっているのかが、まったく共有されていませんでした。

組織の重複や無駄を見直す

ヒアリングで課題が浮き彫りになったように、三つある医療機関が連携することなく、別々に営業活動を行っていたため非効率でした。そこで、他の医療機関や介護施設との連携を図る活動を担っていた新古賀病院の地域連携室を本部の直轄とし、法人としての窓口を一つにまとめました。同様に、ＰＥＴや健診センターの営業活動も本部の中に置きました。また、各病院にあった事務部も一本化しました。こうした組織再編成で、グループ内の医療機関間での連携が緊密になり、組織の重複などの無駄がなくなりました。

図表4-3 天神会の組織図

アメーバ経営導入前

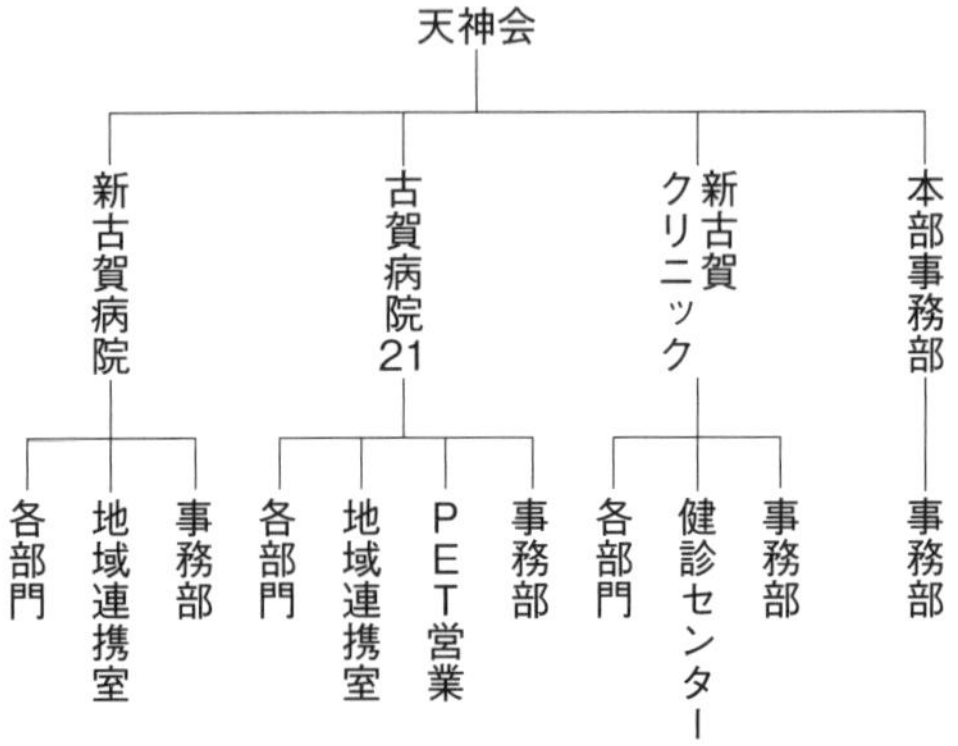

アメーバ経営導入後

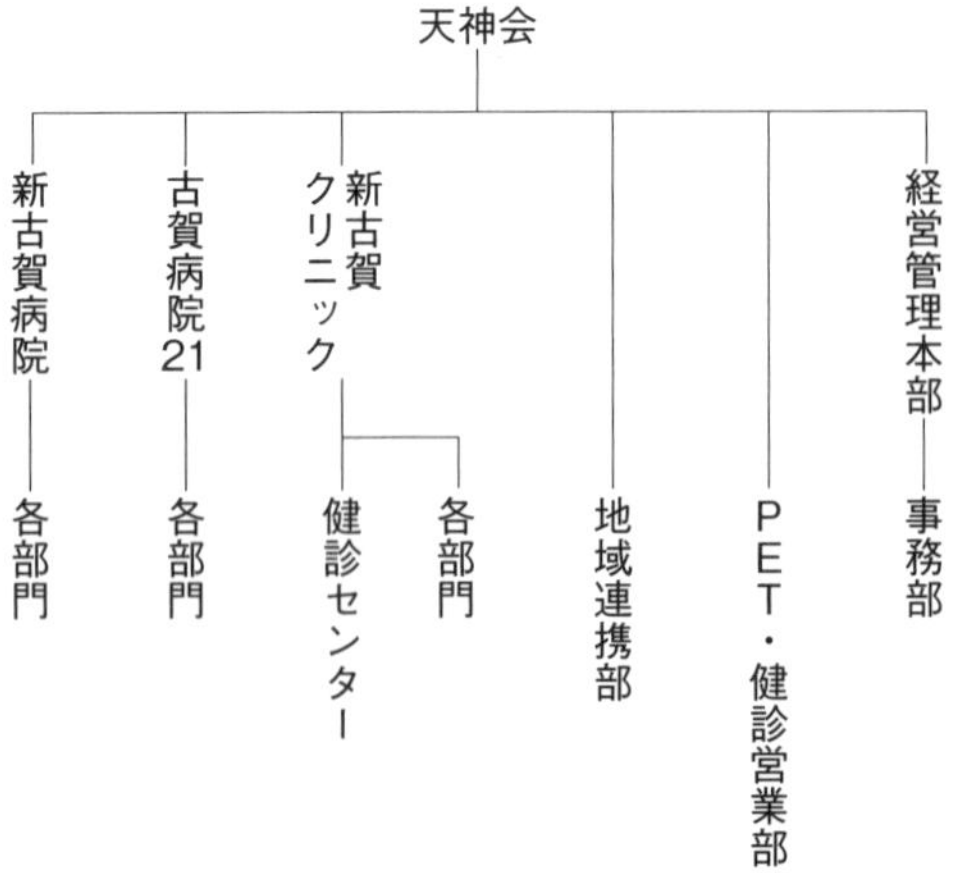

　また、部門別採算制度の導入も図りました。もともと天神会では、多くの医療機関で導入されている「診療科別収支計算」を採用していました。

　これは、外来部門（内科、外科などの診療科）、入院部門（内科、外科などの診療科）、中央診療部門（手術、検査、画像診断など）、補助・管理部門の四つに分け、まずそれぞれに収益・費用を計上し、続いて補助・管理部門の費用を外来部門、入院部門、中央診療部門の三部門に配賦。次に、中央診療部門の収益・費用を外来部門と入院部門に配賦して、最終的に診療科別収支が算出されます。

　この計算方法はどの診療科が儲かっているかという分析ツールにはなりますが、職員全員の経営参加を実現するためのツールとしては不十分です。なぜなら、この計算方法では、診療科以外をすべてコスト部門と捉えているため、経営に巻き込める可能性があるのは各診療科に属する医師だけになってしまうからです。

　一方、京セラ式原価管理手法における採算の捉え方を示したのが図表4-4の下です。医事課や総務課、経営管理課といった事務系部門以外の部署をすべて収益部門と捉えることができるので、多くの職員と一緒に経営を考えていくことができます。

　採算部門の最小単位（一般企業で言えばアメーバ）をどのように分けていくかは、まず病院の組織特有の複雑さを理解する必要があります。病院の組織というのは、資格による縦の

図表4-4　京セラ式病院管理手法の特徴

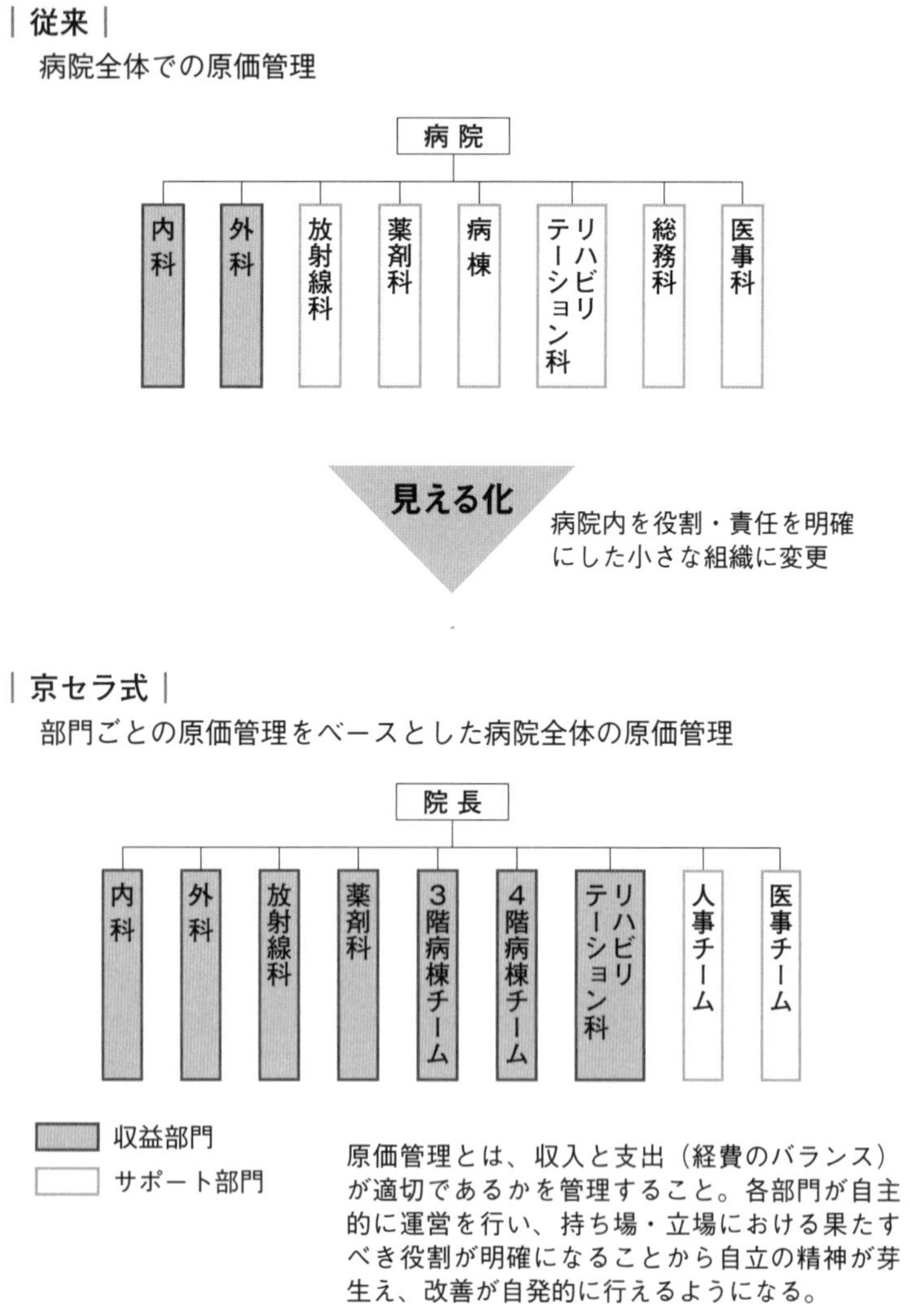
従来
病院全体での原価管理
病院
内科
外科
放射線科
薬剤科
病棟
リハビリテーション科
総務科
医事科
見える化
病院内を役割・責任を明確にした小さな組織に変更
京セラ式
部門ごとの原価管理をベースとした病院全体の原価管理
院長
内科
外科
放射線科
薬剤科
3階病棟チーム
4階病棟チーム
リハビリテーション科
人事チーム
医事チーム
収益部門
サポート部門
原価管理とは、収入と支出（経費のバランス）が適切であるかを管理すること。各部門が自主的に運営を行い、持ち場・立場における果たすべき役割が明確になることから自立の精神が芽生え、改善が自発的に行えるようになる。

図表4-5　病院のマトリックス組織

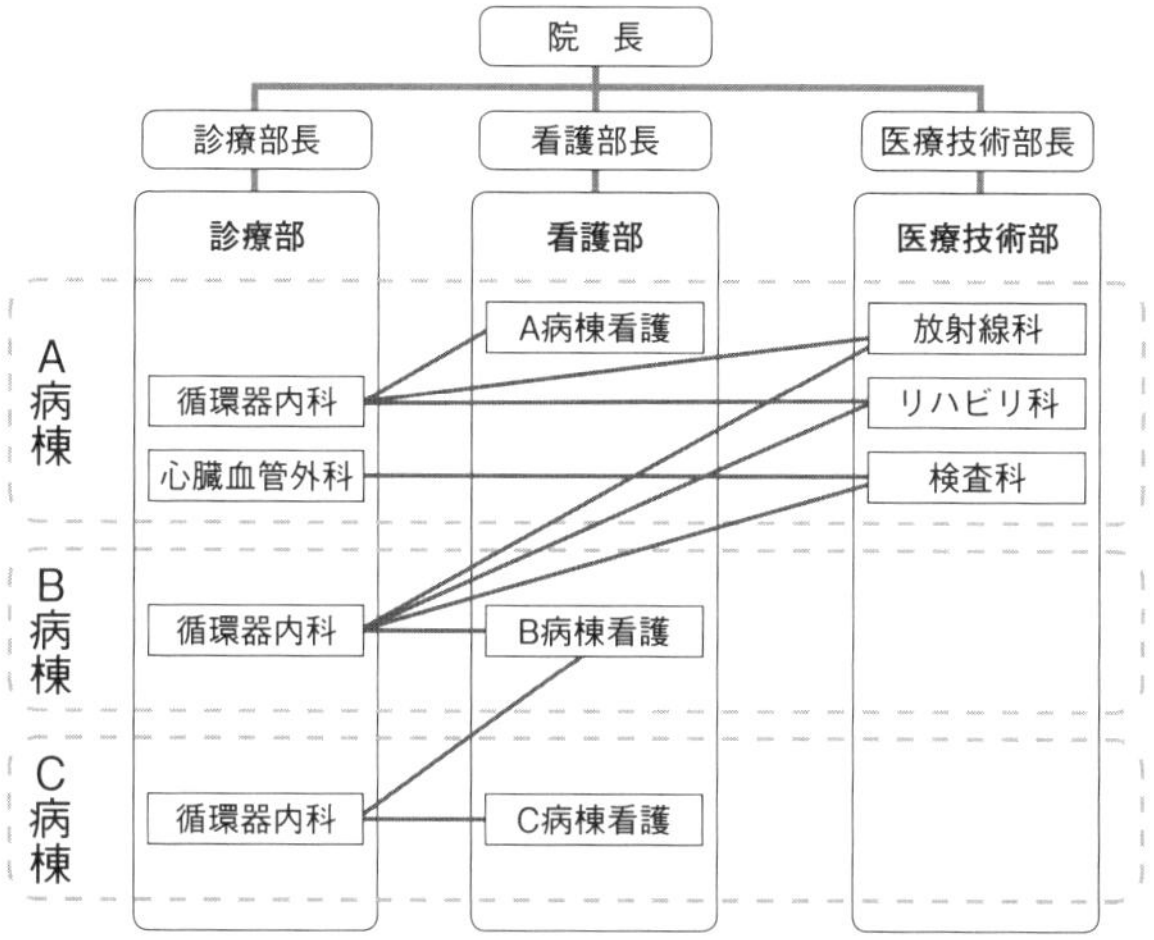

分け方と、どこで働いているかという場所による横の分け方があります。

資格による分け方は、医師が所属する診療部、看護師や准看護師の看護部、放射線技師や理学療法士、臨床検査技師などが所属する医療技術部……、場所はA病棟、B病棟という分け方です（図表4－5）。承認や決裁は縦のライン、実際の診療は、医師から指示や命令が病棟の看護師やリハビリテーション科の理学療法士などに出されるなど、横方向で行われます。このように、病院の組織というのは、縦と横のマトリックスの関係になっているのが特徴であり、診療部、看護部といった縦方向だけでなく、横方向でも見ていくことが、採算管理を行っていくうえでも重要です。これらの観点から、縦と横の交わった部分、つまり「循環器内科」「A病棟看護」「放射線科」などを採算の最小単位としました。

第1章でも解説しましたが、院内協力単価について、復習もかねてもう一度説明しておきます。京セラ式原価計算方式では、看護部門や技術部門にも収入が入るようにして、採算管理の対象にします。それを実現するのが、院内協力対価という仕組みです。

院内協力対価の仕組み

たとえば、整形外科の入院患者がいて、その患者から10万円の収入があったとします。まず、その収入はいったん、診療部の整形外科の医業収入に計上されます。入院患者なので看護サービスが必要で、投薬やＣＴ（コンピューター断層撮影）なども行われます。整形外科では各サービスが発生するたび、看護は病棟看護科、投薬は薬剤科、ＣＴは放射線科に協力対価を支払っていきます。注目してほしいのは、従来コスト部門として捉えられていた看護部門や、薬剤師や放射線技師などが所属するコメディカル部門に収入が発生していることです。院内協力対価の仕組みを入れることで、コメディカル部門の採算を管理できるようになります。

医療行為はすべて国が決める診療報酬によって単価が決まっているので、協力対価の単価

図表4-6 院内協力対価の仕組み

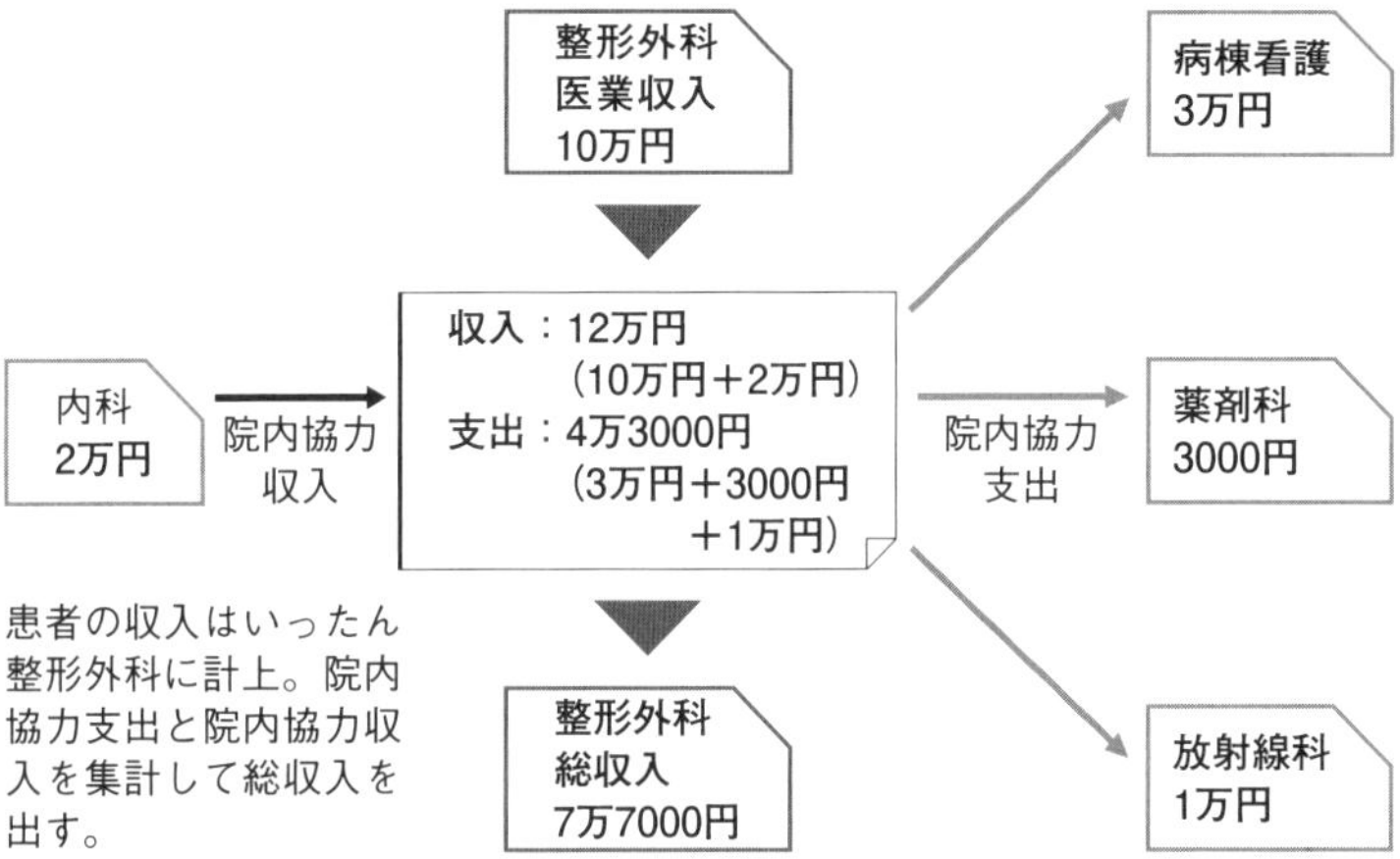

も診療報酬に基づいて決めます。また、整形外科は他科の患者、たとえば内科の入院患者を診た場合にも、内科から協力対価が支払われます。つまり、各診療科は協力対価を支払うだけでなく、もらうこともできます。

10万円の収入に院内協力収入を足し、院内協力費用を引いたものが総収入となります。

ここから診療に使った医療材料や薬、医療機器の減価償却費、水道光熱費、地代家賃、サポート部門経費（収益部門に配布される）などの経費を差し引いたものが差引収益です。さらに差引収益を部署のメンバーの総労働時間で割ると時間当り付加価値になります。

原価管理表の院内協力収入と同費用の項目に「手術」「注射」「処置」というのがあります。実際に手術などをするのは医師ですが（注射は看護師も行う）、それぞれを担当する看護師がいて、それを採算単位にしています。

このように採算単位を切り分けていく一方で、部門別の時間当り採算表をタイムリーに出せるように、情報システムの構築も進めました。

天神会では、医事会計システム、経理システム、健診支援システム、物品管理システム、勤怠管理システムなど、原価管理に関わる複数のシステムが導入済みで、必要なデータ自体はそろっていました。既存システムと連携を取り、アメーバ経営の採算表の形式でデータを出せるようにシステムを組んでいきました。

図表4-7 原価管理表の科目一覧

組織コード	0101	0102	0103	0104
組織名	○○科	○○科	○○科	○○科
医業収入				
外来収入				
入院収入				
その他収入				
保険等査定減				
院内協力収入				
診察（収）				
投薬（収）				
注射（収）				
処置（収）				
手術（収）				
検査（収）				
画像診断（収）				
理学（収）				
その他（収）				
入院（収）				
院内協力費用				
診察（費）				
投薬（費）				
注射（費）				
処置（費）				
手術（費）				
検査（費）				
画像診断（費）				
理学（費）				
その他（費）				
入院（費）				
総収入				
経費合計				
医薬品費				
給食材料費				
診療材料費				
医療消耗器具備品費				
旅費交通費				
職員被服費				
通信費				
消耗品費				
消耗器具備品費				
車両費				
清掃委託費				
業務委託費				
広告宣伝費				
検査委託費				
図書費				
研修旅費交通費				
研究雑費				
減価償却費				
保育運営費				
その他経費				
内部金利				
サポート部門費				
消費税損				
差引収益				
総時間				
定時間				
残業時間				
移動時間				
サポート部門時間				
時間当り収益				
時間当り総収入				
人員				

部門全体の採算から経費の細目まで一目瞭然

図表４-８は、システムの画面例です。採算表の消化器内科を見ると、収入（Ａ）は３７５０万４７９１円で、内訳は外来収入１７９５万５８１０円、入院収入３５７７万７４９１円、保険等査定減マイナス６万８５１０円です。収入（Ａ）に協力収入35万７１５３円を足し、協力費用２２２８万８９８９円を引くと、１５５７万２９５５円となり、これが消化器内科の総収入（Ｂ）です。さらにここから経費５７３万７５７７円を引いたものが差引収益（Ｃ）で、この場合は９８３万５３７８円です。差引収益（Ｃ）を医師たちの総労働時間１９３７時間で割ったものが時間当り付加価値で、この場合は５０７７円です。ちなみに、診療科の時間当り平均は約６０００円で、中でも循環器科は高くて約８０００円です。

このシステムでは、各収入や経費の詳細を見ていくこともできます。たとえば医療消耗品費２１７万８９８３円の内訳は、費用の数字をクリックすると、ＥＲＣＰカニューラ２万８８３３円、胆管拡張用カテーテル７７１８円、ロッキングディバイス４５６８円と、費用計上した消耗品の製品名と金額、さらに消耗品の仕入先まで表示されます。

このような形で、採算部門のすべてに関して、誰でも利益や経費の数字をパソコンで見ら

図表4-8　天神会の原価管理表の画面例（その1）

組織コード	0203		0204		020
組織名/構成比	消化器内科	構成比（%）	呼吸器内科	構成比（%）	糖尿病・内分泌内科
収入　(A)	37,504,791	240.8	64,974,563	377.0	42,658
外来収入	1,795,810	11.5	19,852,532	115.2	28,233
入院収入	35,777,491	229.7	45,207,701	262.3	14,559
介護収入	0	0.0	0	0.0	
その他収入	0	0.0	0	0.0	
保険等査定減	-68,510	-	-85,670	-	-134
協力収入（院内・介護）	357,153	2.2	377,159	2.1	186
診察	357,153	2.2	377,159	2.1	186
投薬（収）	0	0.0	0	0.0	
介護（収）	0	0.0	0	0.0	
協力費用（院内・介護）	22,288,989	143.1	48,121,040	279.2	28,387
診察（費）	560,932	3.6	845,892	4.9	488
投薬（費）	704,116	4.5	9,112,254	52.8	9,606
注射（費）	2,264,483	14.5	7,523,350	43.6	3,757
処置（費）	276,652	1.7	1,819,849	10.5	335
手術（費）	1,495,470	9.6	81,732	0.4	28
検査（費）	2,226,455	14.2	4,514,145	26.1	4,880
画像（費）	941,874	6.0	4,743,465	27.5	704
指導（費）	302,390	1.9	663,820	3.8	732
その他（費）	163,227	1.0	785,581	4.5	300
入院（費）	13,353,390	85.7	18,030,952	104.6	7,553
介護（費）	0	0.0	0	0.0	
総収入　(B)	15,572,955	100.0	17,230,682	100.0	14,457
経費合計	5,737,577	36.8	3,554,897	20.6	2,266
医薬品費	30,908	0.1	0	0.0	1,087
医療器材費	2,649,648	17.0	401,607	2.3	74
医療消耗品費	2,178,983	13.9	161,822	0.9	756
給食材料費	0	0.0	0	0.0	
給食委託費	0	0.0	0	0.0	
検査委託費	0	0.0	0	0.0	
地域医療連携/PET・健診	180,600	1.1	298,200	1.7	126
部内サポート部門経費	0	0.0	0	0.0	
サポート部門経費	182,157	1.1	80,958	0.4	60
差引収益　(C)	9,835,378		13,675,785		12,190
総時間	1937.00	100.0	1,066.00	100.0	1,12
定時間	966.00	49.8	716.00	67.2	62
当直時間	147.00	7.5	139.50	13.0	
残業時間	317.25	16.3	210.00	19.6	17
応援時間	506.75	26.1	0.00	0.0	32
部内サポート部門時間	0.00	0.0	0.00	0.0	
サポート部門時間	0.00	0.0	0.00	0.0	
時間当り付加価値	5,077.6		12,829.0		10,8
時間当り総収入	8,039.7		16,163.8		12,8
人員	8		5		

図表4-9 天神会の原価管理表の画面例（その2）

入院収入の内訳

組織コード	0203		0204		0205	
組織名/構成比	消化器内科	構成比（%）	呼吸器内科	構成比（%）	糖尿病・内分泌内科	構成比（%）
収入	37,504,791	240.8	64,974,563	377.0	42,658,932	295.0
外来収入	1,795,810	11.5	19,852,532	115.2	28,233,780	195.2
入院収入	35,777,491	229.7	45,207,701	262.3	14,559,152	100.7
介護収入	0	0.0	0	0.0	0	0.0
その他収入	0	0.0	0	0.0	0	0.0
保険等査定減	-68,510	-	-85,670	-	-134,000	-
協力収入（院内・介護）	357,153	2.2	377,159	2.1	186,110	1.2
診察	357,153	2.2	377,159	2.1	186,110	1.2
投薬（収）	0	0.0	0	0.0	0	0.0
注射（収）	0	0.0	0	0.0	0	0.0
						0.0

対象年月度	201103	組織コード	0203		
採算科目コード	1020	入院収入		金額合計	35,777,492

No.	金額	品名/内容		
		取引先コード	取引先名	計上日
1	663,092	胃十二指腸潰瘍、胃軸室症、幽門19件4人		
				2011/04/19
2	3,719,742	肝硬変（胆汁性肝硬変を含む。）116件7人		
				2011/04/19
3	1,965,086	胃の悪性腫瘍57件8人		
				2011/04/19
4	249,326	アルコール性肝障害7件1人		
				2011/04/19
5	602,105	播種性血管内凝固症候群7件1人		
				2011/04/19
6	1,953,374	食道、胃、十二指腸、他腸の炎症58件12人		
				2011/04/19

各経費の内訳

組織コード	0203		0204		0205	
組織名/構成比	消化器内科	構成比（%）	呼吸器内科	構成比（%）	糖尿病・内分泌内科	構成比（%）
その他（費）	163,227	1.0	785,581	4.5	300,570	2.0
入院（費）	13,353,390	85.7	18,030,952	104.6	7,553,652	52.2
介護（費）	0	0.0	0	0.0	0	0.0
総収入	15,572,955	100.0	17,230,682	100.0	14,457,579	100.0
経費合計	5,737,577	36.8	3,554,897	20.6	2,266,796	15.6
医薬品費	30,908	0.1	0	0.0	1,087,522	7.5
医療器材費	[illegible]	17.0	401,607	2.3	74,435	0.5
医療消耗品費	2,178,983	13.9	161,822	0.9	756,077	5.2
給食材料費	0	0.0	0	0.0	0	0.0
給食委託費	0	0.0	0	0.0	0	0.0
検査委託費	0	0.0	0	0.0	0	0.0
[illegible]	[illegible]	[illegible]	[illegible]	[illegible]	[illegible]	0.1
						0.2
						0.0
						0.1
						0.0
						0.0
						0.0

対象年月度	201103	組織コード	0203		
採算科目コード	6030	医療消耗品費		金額合計	2,178,983

No.	金額	品名/内容		勘定科目コード	勘定科目名
		仕入先コード/組織コード	仕入先名/組織名		計上日
1	28,833	タンデムXL ERCPカニューラ		02	医療消耗費
			（株）筑後支社		2011/03/31
2	7,718	SOEHENDRA型胆管拡張用カテーテル		02	医療消耗費
			（株）筑後支社		2011/03/31
3	4,568	Rapid Exchange ロッキングディバイス		02	医療消耗費
			（株）筑後支社		2011/03/31

れるようになっています。

毎月の数字がまとまるのは、翌月の中頃です。その月が終わると、経営管理部門が経費と労働時間の集計を始めるのですが、診療報酬は月末締めの10日請求なので売上は10日までは確定しません。16～18日くらいで数字が確定し、19日くらいにオープンにします。それを受けて、課長クラスの職員は現場のメンバーと直ちに会合（部門ミーティング）を持って、前月実績の確認と課題の明確化、次月の予定の検討、取り組み課題のあぶり出しなどを行います。その数日後に全体ミーティング（課長クラス以上が参加）が開催され、各部門で話し合われた内容を検討しつつ、情報の共有化を図ります。

自分のやるべきことが明確になる「重点項目シート」

部門の課題を明確化する際のツールとして、役立っているのが「重点項目シート」というA4サイズ1枚の紙です。このツールを使って部門ミーティングを行い、検討結果を記入して、全体ミーティングの前に提出します。当初、アメーバ数は法人全体で202ありました。ツリー構造になっており、全体会議では下位組織のアメーバを束ねる上位組織の10のアメーバが、順番に原価管理表の予定と実績について報告し、同時に重点項目シートの内容を発表します。

「重点項目シート」には、天神会が目指す目標と部内が目指す医療・介護の目標を書き、その下部に予定と実績を記入します。予定は前月のミーティングで発表された必達目標で、それに比べて実績はどうだったかを発表する仕組みです。収益向上と同時に医療の質を向上させることも、予実管理の中に入っています。

シートをわざわざ書くようにしたのには、理由があります。病院というのは、いろんな場所で仕事をするほか、前述のようなマトリックス組織になっているので、ともすると自分が業務のどの部分に責任を持っているのか不明確になりがちです。シートに記入することにより、自分たちはこういう業務を担当し、同じチームのメンバーは誰で、同じ目標を共有し、課題解決にも取り組んでいる、とはっきり意識することができるようになります。シートの作成者はリーダーだけでなく、メンバーが交代で担当し、記入内容を課長クラス以上の責任者が承認します。

予定欄の一番上にある「ＫＰＩ（重要業績評価指標＝Key Performance Indicator）目標」というのは、収益に一番影響を与えそうな目標数値のことで、これを達成すれば部門の目標もほぼ達成できるという物差しになります。放射線診断部ではＣＴやＭＲＩ（磁気共鳴画像）の件数がそれに当たり、目標数が決められます。「教育・技術目標」「感動・接遇目標」「医

図表4-10 重点項目シートの記入例

平成 ●年 ●月 重点項目シート

所属 作成者

部門 責任者

天神会が目指すべき医療	私たちは、自らの可能性を信じ、責任を持って提案し定めた目標を時間内、期日内に実現します。
部門が目指すべき医療介護	患者さん・利用者さんが満足される医療を提供し、スタッフが働きやすい環境作り

職種	人数
診療放射線技師	19名
臨床検査技師	1名
パート事務	2名
技術員	1名
	名

予定	実績
＜医療介護の高度化及び質向上＞	＜医療介護の高度化及び質向上＞
①KPI目標 ・第1CT：261件、第2CT：910件、MRI：791件、RI：160件、一般撮影：3185件。 第1CT：前年度1%↑、第2CT前年度1%↑。MRI：前年度1%↑。4月のみ健診増見込んで5%↑。 RI：月間最高170件または、過去2～3年平均+αで設定。合計件数は前年度約2%↑。 一般撮影：前年度2%↑ ・7/1より第2CT検査予約枠の拡大を行っている。20分毎→15分毎。	①KPI目標 ・第1CT：302件、第2CT：940件、MRI：750件、RI：171件、一般撮影：2935件。
②教育・技術目標 ・学会、勉強会に積極的に参加する。（継続） ・新人技師の他モダリティ教育。 ・第1CTバージョンアップに伴い、その機能をできるだけうまく使えるような設定をする。 →7/1時点で設定を完了し、随時改善を行う。	②教育・技術目標 ・技師会などに入るように推奨している。 ・7/22に現状報告と今後の話し合いを行った。来年度の募集に関しても検討を行った。 ・CTの設定完了。使用方法がわかるようにマニュアルを作成した。（7/1）
③感動・接遇目標 ・予約外検査は、連絡があったときに待ち時間を伝える。 →予定があり待てない患者さんなどは次回の予約にしてもらえる。	③感動・接遇目標 ・7/1より第2検査枠を増加したため、従来より長めの待ち時間を伝えるように周知した。MRIは従来通り待ち時間を伝えてもらっている。
④医療安全目標 ・各モダリティのインシデント集の更新。 →H24.5に一度作成済み。それ以降の新規分に関して更新を行う。7/20までに完了。	④医療安全目標 ・インシデント集の更新済（7/25時点で完了） →Drive Cabinet内にフォルダを作成し保存する予定。

＜経費削減策＞ ・廊下のテレビモニターの照度を下げることで、節電を行う。 ・地下設置のPCモニターも同様に照度を下げる。 ・週1回はモニターの清掃を行なう。（テレビ、PC） ・院内のエアコンが冷房に切り替わっているので、単独設置のエアコンの使用を控える。 ・エアコンの設定温度の確認。特に操作室側。（継続） ・廊下ダウンライトを夕方5時に消す。（夜まで蛍光灯と両方点いていることもある） ・除湿器フィルター清掃。（前月できていない部屋あり。）	＜経費削減策＞ ・6/30に設定を行った。（明るさを10～15段階下げた） ・6/30に設定を行った。（明るさ40%以下）必要に応じて設定変更する。 ・週1回ペースでテレビモニターの清掃を行った。 ・テプラにて表示があるが、モダリティごとのミーティングで再度確認。 ・操作室は基本26℃、撮影室内は装置の適正温度に設定。 ・第1CT担当者が帰るときに消すようにしている。 ・6/29に除湿器とエアコンのフィルター製造済。
＜時間の有効活用＞ ・第2CTの使用済み生食ボトルの水抜きを毎日行う。 ・各モダリティで翌日の必要人数を16時半までに勤務表作成者（○○さん）に必ず連絡する。	＜時間の有効活用＞ ・CTミーティングで、毎日行うほうが時間がかからないため、このまま継続することに決定。 ・モダリティ毎に連絡するようにお願いしている。

協力依頼

部署名	開始月	内容	結果	状況

他部署から受けた協力依頼

部署名	開始月	内容	結果	状況

療安全目標」は医療の質の向上に関する目標です。そして、時間当り採算を向上させるための「経費節減策」「時間の有効活用」の予実管理も行われます。

病院らしさが表れているのは、一番下の「協力依頼」の欄です。医療は医師だけでなく、看護師、放射線技師、栄養士、理学療法士、薬剤師などでチームを組んで、診療に取り組むので、職種間のコミュニケーションが非常に大切です。通常であれば、コメディカルが医師に何かを依頼するのは心理的ハードルが高いものです。そこで、毎月の全体ミーティングの席上で重点項目シートの発表とともに、協力依頼の要望も発表してもらい、そこで意見を戦わせた後に決裁する仕組みにしたところ、大きなインパクトがありました。

たとえば、薬剤部から診療科に対して出ていた「処方せんをもっと早く出してほしい」という要望が受け入れられ、薬剤部のスタッフの残業時間は大幅に減りました。その後も、たくさんの改善例があり、今では部門間のコミュニケーションが活発になったため、全体ミーティングに協力依頼を出さなくても、個別の交渉で済むようになっています。

アメーバ経営導入で部署が自発的に動く

アメーバ経営導入によって、それぞれの部署で採算意識が変わり、組織として大きな力が出せるようになってきました。その成果を部門別に紹介します。

看護師が所属する病棟部門では、アメーバ経営の導入前後で税引前利益が１４１６万５００円増、時間当り採算は３０１６円から３５０６円に跳ね上がりました。入院に関わる経費を削減したほか、人事異動で人が減っても病床の稼働率を落とさず、むしろ時間当り採算を上げていこうと努力した結果です。もともと病床稼働率の目標はあったのですが、それ以外の数字が現場の看護師たちにはまったく知らされていませんでした。経費をオープンにしたことで無駄を細かくチェックできるようになり、看護師のあいだで経費削減運動が展開されました。また、時間という指標があったので、人員減になってもがんばっていることが数字で表れ、モチベーションが押し上げられました。

次に、胃カメラを実施する内視鏡センターです。内視鏡センターは医師と看護師と内視鏡検査技師の三つの職種が集まった組織だったので、職種間の連携がうまく取れていませんでした。通常、内視鏡検査は、専用の内視鏡室という部屋があり、そこで医師が検査を行いま

図表4-11 アメーバ経営の成果① 病棟

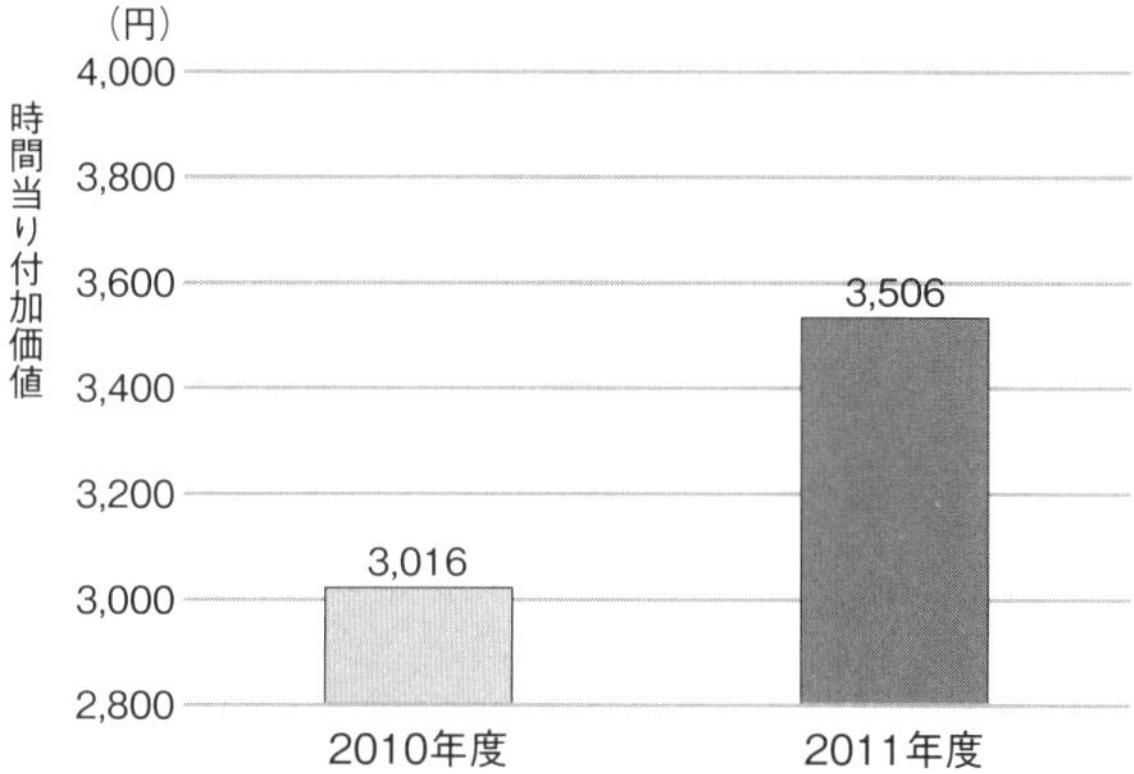

税引前利益　年間1416万5000円増

す。その部屋には医師と技師が待機し、看護師が患者を誘導しますが、患者の検査が早く終わったからといって、次の患者をすぐに入れたりしません。事前にスケジュールに組み込んだ時間が来るまで、待っています。理由は医師が嫌がるからです。以前に、看護師が早めに患者を案内して、医師に怒られたこともあって、余計なことはしなかったわけです。

しかし、アメーバ経営を導入した後は、同じグループのメンバーとして協力して採算を向上させていくことになったため、実施件数を増やすという目標を共有できるようになり、職種間の壁はかなり低くなりました。アメーバ経営の導入前後で内視鏡検査の実施件数は月５２９件から５７６件へと約10％増え、時間当り採算はマイナス４２３円から１１８円

図表4-12 アメーバ経営の成果② 内視鏡センター

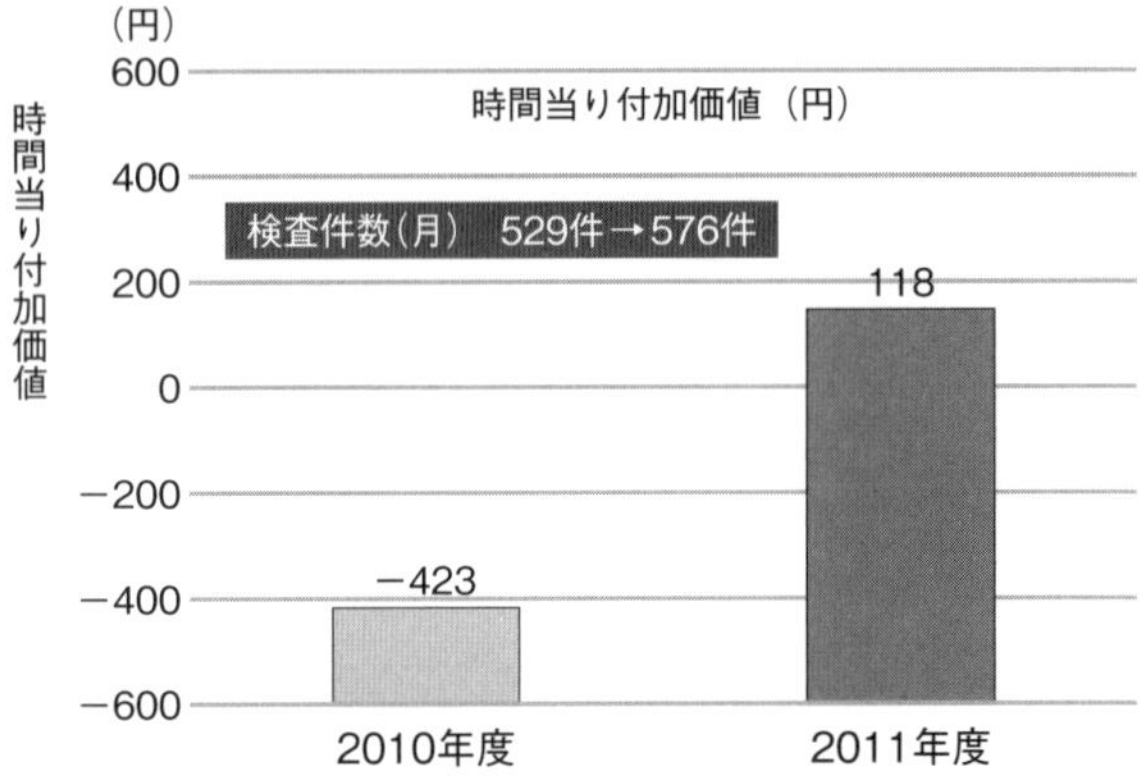

税引前利益　年間61万8000円増

になりました。導入当時は人件費を控除すると赤字でしたが、２０１３年度下期にはさらに収支が改善し、黒字転換する見込みです。

次はリハビリテーション部門です。リハビリは患者を増やしすぎると質が落ちる、とみんな信じていました。各部門で部門別ミーティングを始めた当初、古賀理事長は２００近くあるアメーバのミーティングにすべて顔を出していました。リハビリの部門別ミーティングに出席したとき、患者数を増やすと質が落ちるという話が出たのですが、そのときに古賀理事長は、「それは考え方が間違っているんじゃないか。あなたは1人の患者さんへの質を高めることだけ考えているよね。でも、たくさんの患者さんに質の高いリハビリを提供できて初めて、病院全体の質が上がるとは

図表4-13 アメーバ経営の成果③ リハビリ部門

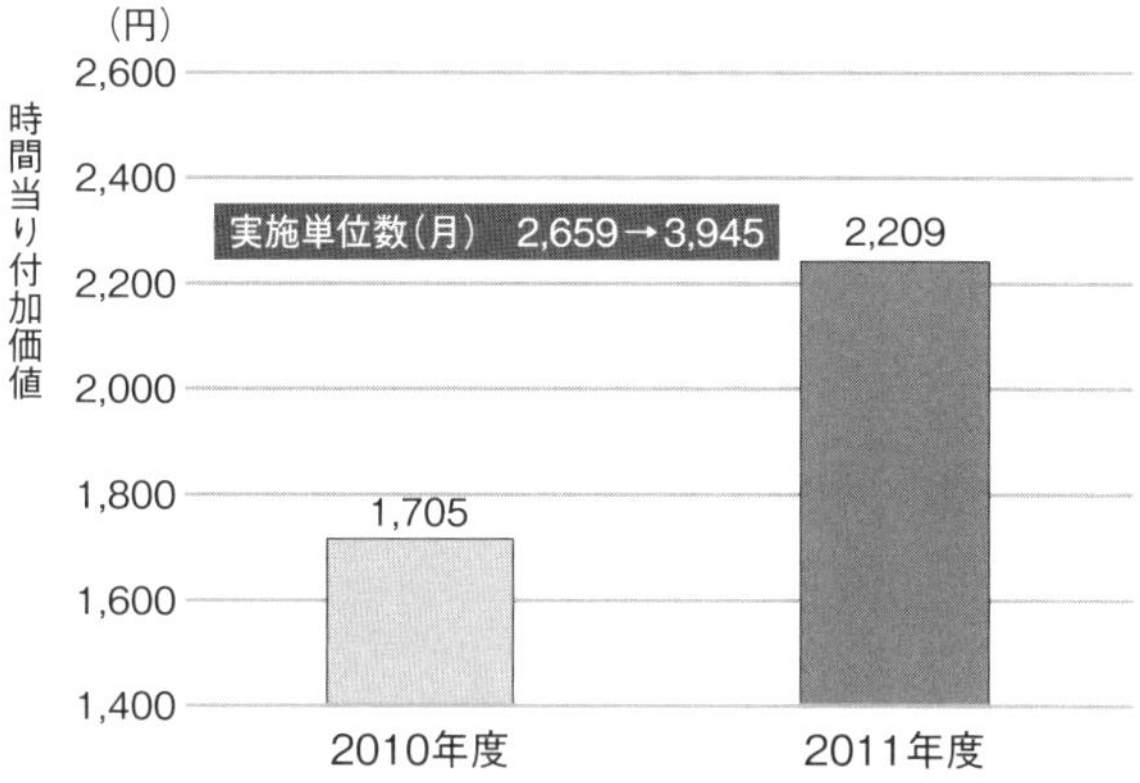

税引前利益　年間1995万円増

思わないのかい」とメンバー全員に語りかけたのです。それをきっかけに、リハビリ部門のメンバーの考え方が変わりました。考え方が変わっただけで、月間のリハビリ件数は２６５９件から３９４５件になり、税引前利益は１９９５万円増えたのです。

孤軍奮闘から全員プレーに

天神会は、ケアプラン作成（居宅介護支援事業）、通所介護（デイサービス）、通所リハビリテーション（デイケア）、訪問介護などの介護サービスも展開しています。介護サービスは、ケアマネジャーが利用者の必要に応じた介護サービスをケアプラン（介護サービス計画）として組み立て、プラン通りにサー

図表4-14　アメーバ経営の成果④　介護部門（通所リハビリテーション）

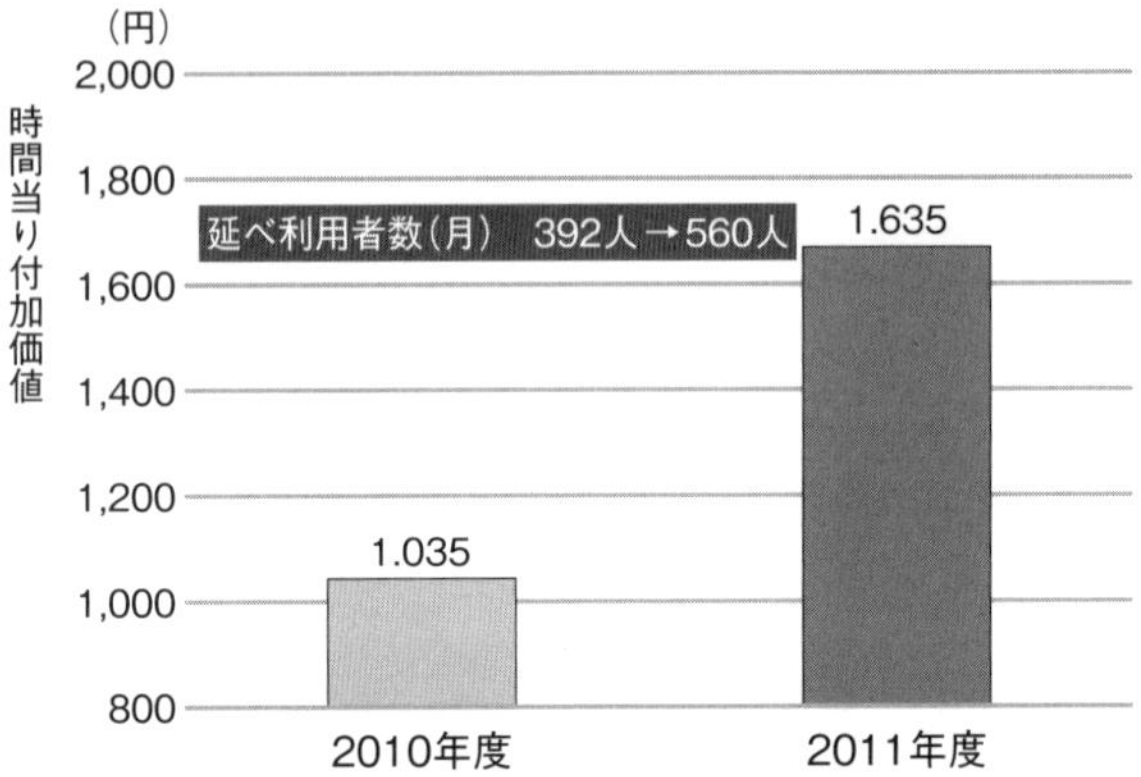

税引前利益　年間1407万4000円

ビスが提供されます。天神会のケアマネジャーがケアプラン作成を担当しても、別の法人の介護サービスを組み込むこともできます。天神会では、ケアマネジャーと介護サービスの現場との連携が取れておらず、どの程度の余力があるかつかめていなかったため、別の介護事業者を紹介していたのです。

そこで、部門ミーティングを開き、この連携の悪さを是正しました。各介護サービスの責任者からよく話を聞くと、まだ余力があるということがわかり、ケアマネジャーとの情報交換を密にすることによって、介護部門（通所リハビリテーション）の月延べ利用者数は３９２人から５６０人に増え、税引前利益も約１４０７万円増加しました。

健診部門はアメーバ経営の導入前後で、全

図表4-15 アメーバ経営の成果⑤ 健診部門

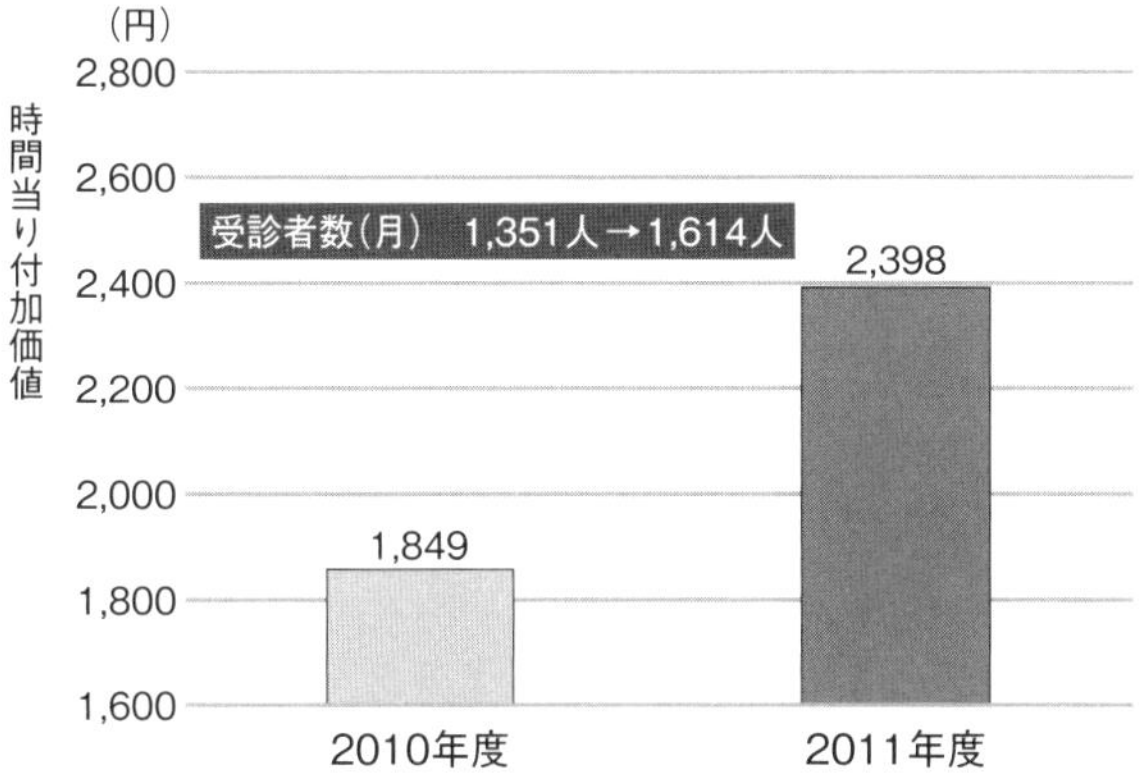

税引前利益　年間3912万円増

体の中で最も利益額が伸びました。税引前利益は約４０００万円増え、時間当り採算も１８４９円から２３９８円に大幅アップしました。以前から、健診受診者を増やすためリーダー格の看護師が努力していたのですが、周りは非協力的で「あの人、独りでがんばっているよね」と冷めた目で見ていたそうです。最もネックになっていたのが胃内視鏡検査でした。健診用の枠をなかなか広げてくれなかったのですが、部門別採算制度の導入で大きく変わりました。内視鏡センターも採算管理することになったので、検査件数を増やそうと健診用の枠を広げてくれたのです。

通常、人間ドックなどで胃の内視鏡検査を受けようとすると、可能な日がかなり限られますが、天神会ではほとんどの場合、希望通りの日に予約が取れます。しかも、ちゃんと男女で部屋を分けて検査します。こうした細かな配慮は、現場から上がってきた多数のアイデアの一つを実行したものです。

このように、アメーバ経営導入により、各部門で劇的な変化が起きたのです。

次世代のリーダー候補が台頭

アメーバ経営の導入後、最初に原価管理に取り組んでくれたのは、コメディカルの人たちでした。まずは経費節減から始めますが、そこには限界があるので、売上を伸ばすために医師に協力を求めるようになるのです。たとえば放射線技師は、こういう機械を買ったからこんな検査ができるようになったと、購入した医療機器の稼働率を上げるため、院内の診療科の医師に営業して回っています。

病棟では、入院患者がどの薬をいつ服用するかなどについて、看護師がカレンダーに書き入れていましたが、薬剤部門が「営業」して今では薬剤師がその仕事を引き受けています。また、２０１２年度の診療報酬改定で、病棟に薬剤師を専任で配置すると報酬が加算される仕組みが導入されました。薬剤師たちがそれにいち早く気づき、配置を実行しました。診療報酬改定は非常に多岐にわたり、細かな部分が変わっていたりするので、その動向をしっか

図表4-16 天神会の経常利益の推移

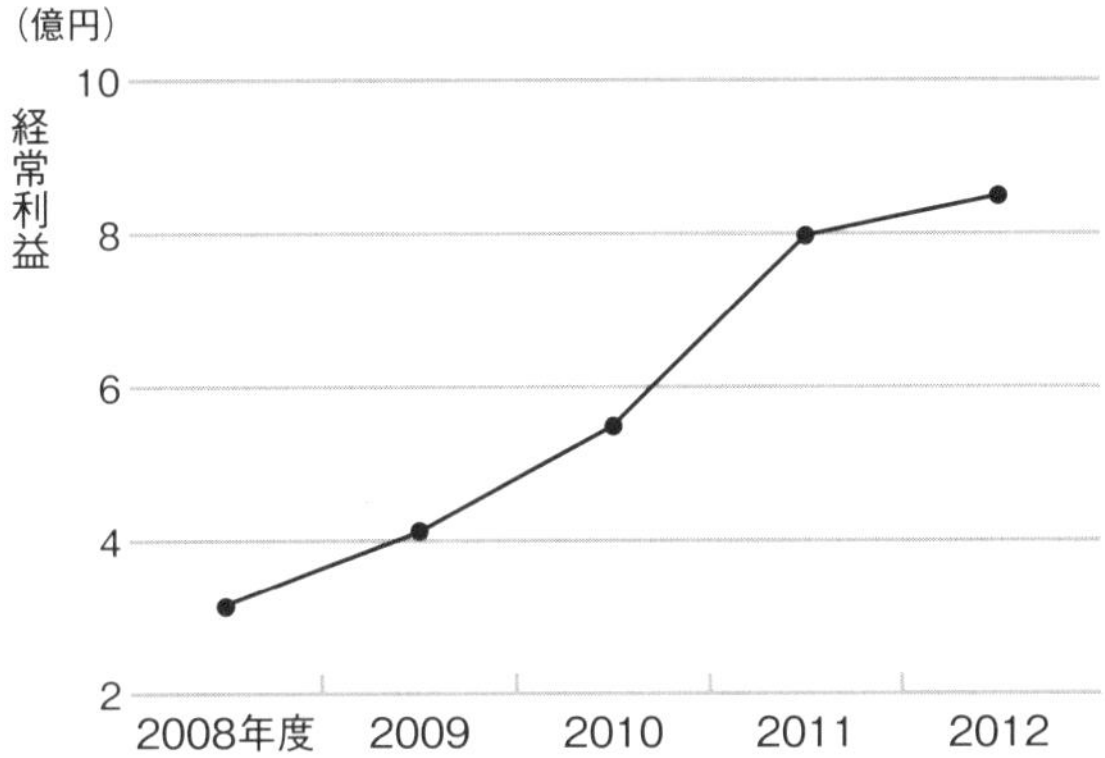

りウォッチしていないと、加算できる点数を見逃すことにもなりかねません。しかし、部門別採算制度を導入していれば、誰でも収入アップを求めますから、診療報酬改定に関しても自主的に勉強するようになりました。

天神会は、私たちがコンサルティングに入った２０１０年度の売上高利益率は７％でしたが、２０１３年度は10％を超える見通しです。実は天神会では最近、久留米市内の破綻した病院、老人保健施設を買収して傘下に収め、２０１３年４月には住宅型有料老人ホームを新規に開設しました。こうした買収などがなければ利益率は15％に達していたかもしれません。この数字は、医療法人としては極めて高い利益水準といえます。

古賀理事長は、「アメーバ経営導入後は、

リーダーが主体となり部門別の原価管理を行うことで、次世代のリーダー候補が台頭してきた。また、全体ミーティングで部門間の課題を検討する中で、部門間の垣根がなくなり、迅速に課題解決できるようになった」と話しています。アメーバ経営導入で経営基盤を固めることができた今、経営感覚を身に付けた職員も育ってきており、念願だった規模の拡大に乗り出す準備は整ったと言えるかもしれません。

介護業界でも導入企業が増加中

医療機関だけでなく、アメーバ経営を導入する介護事業者も年々増えており、法人数は2014年4月現在で30を超えています。現在のところ、そのすべてが黒字を計上しています。診療行為の単価がすべて診療報酬によって決められているように、介護サービスも、国が決める介護報酬によって、利用者に提供するサービスの種類や単価がきめ細かく決められています。診療報酬と同様、介護報酬の額も事業者にとって手厚いとは言えず、薄利の中で経営の安定を図らなければなりません。また、介護分野で働く人材は離職率が高く、人材の確保や育成にも大きな課題があります。こうした厳しい経営環境にあるからこそ、アメーバ経営が威力を発揮するのです。

では、介護業界でのアメーバ経営導入事例を見ていきましょう。

ケーススタディー03　ケアサービス（東京都大田区）
デイサービスで驚異的な稼働率98・４％を実現

ケアサービスは東京都大田区を中心に、通所介護（デイサービス）、訪問入浴を中心とした介護事業、さらに、映画『おくりびと』で有名になった故人の湯灌《ゆかん》などのエンゼルケア事業などを手がける企業です（デイサービスとは、介護を必要とする人を日中の一定時間預かり、身体機能維持を目的としたさまざまなレクリエーション、運動、食事や入浴なども合わせて提供する介護保険サービスのこと。利用者の自宅から事業所までは送迎します）。

福原敏雄社長は26歳のときに創業。いわゆる寝たきり老人向けの布団乾燥事業を立ち上げ、福祉業界に飛び込みました。１９９１年に訪問入浴サービスを提供するケアサービスを設立し、２００４年には大証ヘラクレス（のちにジャスダックと統合）に株式上場を果たしています。本社のある東京23区を中心に事業所をドミナント（集中）展開し、「介護からエンゼルケアまで」を提供できる企業として順調に成長しています。事業所数は、通所介護53カ所、エンゼルケア18カ所、訪問入浴14カ所、居宅介護支援（ケアプラン作成）10カ所、サービス付き高齢者向け住宅が3カ所。従業員数は６７０人（パート・アルバイトを含めると約１１３０人）で、２０１４年度は新卒60人を採用する計画です。

その歩みは順風満帆に見えますが、福原社長は「私は前に突き進む性分だけに、一緒に仕事をしてくれた社員の皆さんは大変だったはずです。自分はちゃんと人を育てることができていたのかと振り返ると、反省点も多い」と言います。

社員が経営に参加できる仕組みを作ってリーダーを育成し、みんなで夢や未来を語りつつ、本当の力を発揮できる環境を作りたい――。２０１１年に同社がアメーバ経営を導入したのも、そうした思いが福原社長にあったからです。

もともと福原社長は、稲盛さんの著書やテープを愛読、愛聴しており、稲盛さんの経営を学ぶための私塾である盛和塾にも積極的に参加していました。福原社長は、「稲盛さんは最も尊敬する経営者であり、人生の師。稲盛さんの経営哲学とアメーバ経営をケアサービスに取り入れたかった」と振り返ります。

福原社長が重点を置いたのは、人材の育成と組織作りでした。何をすべきかを自分で考え行動に移せる、自ら高い目標を立て、その実行に向けて主体的に動く、などをあるべき人材像に掲げ、育成した人材が力を発揮できる仕組みの整備を始めています。

最初に取り組んだのは、「ケアサービスフィロソフィ」の策定です。福原社長は盛和塾を通じて稲盛さんの哲学を存分に学んでいましたが、それを社内にいかに浸透させるかが課題でした。２０１２年には、京セラフィロソフィを参考に、介護業界に合った形で「ケアサービスフィロソフィ」をまとめました。

さらに、企業理念も見直し、

私たちは、お客様一人ひとりの尊厳に共感したサービスを提供します
私たちは、全従業員とその家族の幸せを追求します

と目指すゴールを理念に明確に位置づけました。この二つの企業理念を実現していくために、フィロソフィの行動指針に基づいて日々の仕事に取り組み、お客さまの満足だけでなく従業員とその家族の幸せも同じように目指すことを、従業員に宣言したわけです。

京セラフィロソフィと同じように、ケアサービスフィロソフィも冊子で全従業員に配布され、研修会も行われています。各事業所でも、毎日の朝礼でスタッフが1項目ずつ輪読しているほか、所長を中心に自主的な勉強会を開いているところも出てきています。

「企業理念や行動指針を共有することなく、リーダーの個人プレーで計画を達成できたとし

ても、そのリーダーがいなくなれば元の状態に戻ってしまう。それでは、永続的な発展にはつながりません。全員がフィロソフィを学び、それをもとに行動し、協力し合って業務に取り組む姿を目指しています」（福原社長）

ケアマネジャーが欲しがる情報を提供し、信頼を得る

フィロソフィと並行して、同社は部門別採算制度の導入にも取り組んでいます。主力のデイサービス事業では、定員に対し、何人利用したかという稼働率が、売上や利益に直結する非常に重要な指標になります。この稼働率をいかに100%に近づけることができるか。そこが各事業所の所長の腕の見せ所です。そのためには事業所のスタッフが高い意識とモチベーションを保っていることが不可欠です。「その手段として、従業員に稼働率や経費などを公開して、経営参加の意識を高めるアメーバ経営が、威力を発揮し始めています」（福原社長）。その代表例が、大田区池上にある同社のデイサービスセンター徳持南です。

このセンターでは、年間の平均稼働率98・4%という驚異的な数字を出しています。デイサービスでは、スタッフ数などによって1日の利用者数の上限が「定員」として決められています。徳持南の定員は25人、つまり平均24・6人と常にフル稼働状態なのです。一般的に

デイサービスでは、稼働率が80％を超えれば優秀な事業所と言えますが、それをはるかに上回る驚くべき数字といえます。

デイサービスでは、利用者が体調を少し崩したりして、予約をキャンセルすることがしばしばあります。キャンセルが出たまま、何も手を打たなければ、当然、稼働率は下がります。徳持南では、臨時利用の希望を募っておき、ケアマネジャーにも事前に承認を得て、当日キャンセルが出た際、希望者に電話連絡をします。ケアマネジャーは、介護サービス利用者の計画（いつ、どの事業者のサービスを、どれだけ利用するか）を作成するので、利用者の情報を握っており、サービスを利用するかどうかは、ケアマネジャーと利用者やその家族の意向で決まります。

センターのスタッフがケアマネジャーに電話して、臨時利用の承認をもらえるようになるには、両者の間に信頼関係を築いておくことが欠かせません。そこで、デイサービスセンター徳持南では、毎日3人の利用者に関して、ヘルパーが担当のケアマネジャーにファクスをして、利用者の様子や気になった点を報告するようにしました。所長や相談員がケアマネジャーを訪問して利用客の紹介を依頼するケースは珍しくありませんが、それにプラスしてこのような取り組みをしているのです。

ケアマネジャーは、自分が計画を担当した利用者がケアプラン通りにサービスを受けているか、体調などの身体状態はどうなのかを気にしています。実際に利用者と触れあっているヘルパーから報告を受けるというのは、ケアマネジャーにとってもうれしいことです。

「うちのスタッフの名前を覚えてもらいたいと思って始めました」とデイサービスセンター徳持南の寺尾伸也所長は話します。頻繁に報告していれば、「このスタッフはしっかりしているな」というアピールになり、信頼度が高くなるのに比例して、積極的に利用客を紹介してくれるケアマネジャーの数が増え、稼働率アップにつながったのです。

経費削減はスタッフの意識改革から始まる

スタッフが稼働率アップに積極的に取り組むようになったのは、経営に関する数字を意識するようになったからです。

月初に部門別採算表が出るようになり、デイサービスセンター徳持南では月1度、全スタッフで採算表を使ったミーティングを行います。

「採算表を使って、スタッフに稼働率や経費、利益、残業時間などの数字を事細かに説明するようにしました。すると、『経費のところの介護用品費には、どんなものが入っているのですか』などと、少しずつ関心を示してくれるようになりました。光熱費や家賃、利用者を送迎するための車両維持費などの数字を見て、『こんなに経費がかかっていたのか』と驚くスタッフもいました。もちろん最初のころは『そもそもアメーバって何ですか』という質問もありましたが、一つずつ丁寧に説明し、私自身の理解も深まりました」（寺尾所長）

スタッフは合計11人。半数はパートタイムの従業員で、それまで経営とは無縁の存在でしたが、採算表が家計簿のような形なので、あまり抵抗なく受け入れることができたのかもしれません。採算表を使ったミーティングを重ねていくうち、スタッフ間に「雑談ではない、本当の意味で仕事に必要なコミュニケーションが増えた」と寺尾所長は話します。普段のスタッフの会話の中に、稼働率アップ、経費削減、残業時間削減といった話題が出ることが増え、それらを強く意識して行動するようになったのです。

最初に変わったのは、経費に対する意識やお金の使い方です。ミーティングで数字を見せるようになると「光熱費がこんなにかかっている」「どうして今月は前月より車両維持費が上がったのだろう」といったことに興味を持つようになります。たとえば、スタッフが光熱費について意識し始めると、トイレの電灯をこまめに消したり、人がいないときに部屋のエアコンを消したりと行動が変わってくる。日常の小さな行動の変化と積み重ねが、経費削減にはとても大事なことなのです。そして、翌月、スタッフたちは採算表を見て、光熱費が下がっていたら成果を実感できてうれしくなり、ほかの経費を削れないかを考え出す、という好循環が始まります。

徳持南では、サービスに必要な介護用品や備品、事務用品を購入するときには、稲盛さんの「当座買いの精神」で、まとめ買いをせずに必要なものを必要なだけ買うようにしました。事務用品にしても、たくさん買えば単価は安いのですが、たくさんある分無駄に使いがちで、結局は高くついていたことに気がついたのです。ダブルチェックも取り入れています。たとえば、ボールペンやトイレットペーパーを購入するとき、以前は担当者が自分の判断で行っていましたが、今では所長が「そもそも購入が必要なのか」「その製品じゃないとダメなのか」ということからチェックし、さらに購入数や価格に関しても必ず確認しています。

残業時間の大幅短縮に成功

さらに、徳持南では、業務改善を進めるため、Ａ４サイズ１枚の「課題シート」と名づけたツールも導入しました。

各スタッフは毎月、課題シートに、自分でその月に解決したい課題を自由に書き入れます。あるスタッフは、やってくる利用者全員に「必ず笑顔であいさつすること」を課題に書きました。そのほか「１日に１００回ありがとうと言う」「○○費を○○円減らす」「残業時間を

◯時間減らす」など、採算の改善やサービス向上に関する身近で具体的な目標を持って、業務に臨むようになったのです。

確かに、介護職は忙しいので残業がやむを得ないときもあります。センターから利用者宅までの送迎に時間がかかったり、ミーティングが長引いたり、イベントの準備、介護記録などさまざまな書類への記入作業がたまっていたりと、残業の要因はたくさんあります。

ケアサービスでは、残業する場合には所長に事前申請する仕組みがありました。しかし、残業しても、同僚とおしゃべりをしていたら1時間で済む仕事が2時間かかる場合もあります。そこで、寺尾所長は、ミーティング時に残業によって事業所の利益がどのくらい減るか、数字を使って具体的に説明しました。そして、スタッフが毎日記入する業務報告書に、前月の残業時間を明記し、当月の残業時間の削減目標をスタッフ本人に設定してもらうことにしました。

残業時間を減らすアイデアも、ミーティングで話し合われます。

スタッフたちが残業時間を意識し始めたきっかけは、採算表でした。残業時間が増えると時間当り採算が落ちていきます。また、せっかく利益をたくさん稼いでも、残業時間が増えるとすぐに利益が吹き飛んでしまうことを、寺尾所長がスタッフにわかりやすく伝えたことも効果がありました。

こうして徳持南では、アメーバ経営導入前と比較して、経費と残業時間が2〜3割程度削減され、事業所の経営改善につながりました。

給与水準の引き上げを決断

介護業界では、他業界に比べて賃金水準が低いと言われています。待遇の低さは、離職率の上昇を招き、経営を不安定にする要因になります。だからこそ、全従業員で協力して、サービスの質を高めながらも経費削減や生産性を上げることで、給料の原資となる利益を少しでも増やしていく必要があるのです。

2013年、ケアサービスでは「在籍期間が半年以上の従業員933人を対象に、2013年度の年収を平均で6％引き上げる」と発表しました。介護業界での待遇改善を先導しようという福原社長の考えを実行に移したわけです。それは、

私たちは、全従業員とその家族の幸せを追求します

というケアサービスの企業理念に一歩近づくことでもあります。もちろん、待遇改善には

図表4-17 ケアサービスの業績推移

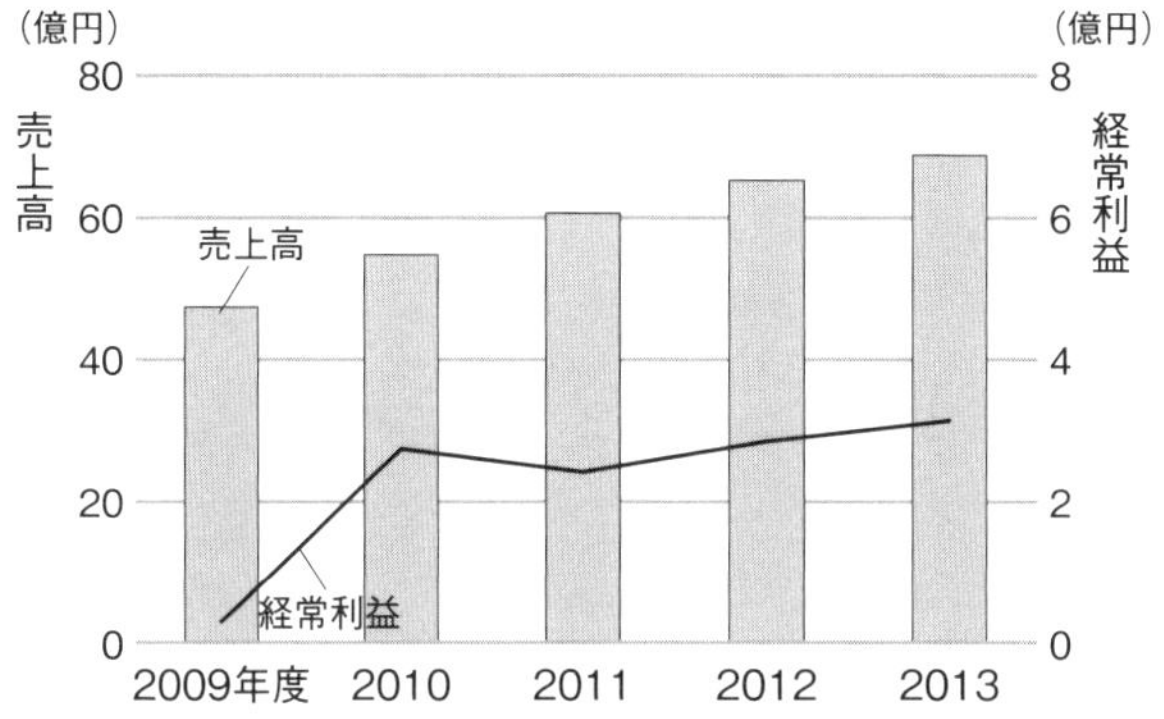

利益が必要であり、そこにアメーバ経営が貢献できると考えています。

ケアサービスでは今後、アメーバ経営とフィロソフィのいっそうの浸透を図っていくとともに、デイサービスセンター徳持南のような優良事業所のノウハウを他の事業所にも広めていく方針です。

Promoting Profitable Growth by the Amoeba Management

第5章

世界に広がるアメーバ経営

ＪＡＬ再建の成功は、アメーバ経営が広まる大きなきっかけになりました。その結果、国内にとどまらず海外の企業からも問い合わせが増えています。なかでも反響が大きかったのは中国です。

稲盛さんはもともと中国でも大変人気が高く、盛和塾生も１０００人以上います。著書もベストセラーになっていますが、ＪＡＬ再建の成功によりさらに人気が高まり、アメーバ経営やフィロソフィを学びたいという声が多数寄せられました。

こうした要望を受け、ＫＣＣＳマネジメントコンサルティング（ＫＣＭＣ）は、中国の企業へのアメーバ経営の導入と本格的なコンサルティングサービスの提供を目的に、２０１２年6月末、上海市に、京瓷阿美巴管理顧問（上海）有限公司（ＫＡＭＣ）を設立しました。稲盛さんが名誉董事長、私が董事長を務めています。ちなみに、現在、稲盛さんが京セラグループで取締役（中国では董事）を務めているのは、この会社を含めて数社だけです。

７社の中国企業がアメーバ経営を導入

会社をスタートして、幸いにもすぐに2～3社からアメーバ経営を導入したいと声がかかりました。現在、中国企業7社に、アメーバ経営の導入を行っています（図表5－1）。また、

図表5-1　中国におけるアメーバ経営導入企業

社名	所在地	業種
羅菜家紡股份有限公司	上海市	寝具販売
新一佳超市有限公司	深圳市	スーパー経営
瀋陽富創精密設備有限公司	瀋陽市	電子部品製造
暢遊网絡天下有限公司	北京市	ゲーム開発
北京市麻辣誘惑酒楼有限公司	北京市	飲食
広聯達軟件股份有限公司	北京市	ソフトウェア開発
富陽数馬装飾工芸品有限公司	富陽市	カーテン製造・販売

「京セラアメーバ経営ゼミナール」（1泊2日×2回＝計4日間）を定期的に開催しており、これまでに46社99人の方々がアメーバ経営に関して学んでいきました。

中国の経営者たちの多くは今、経営の手法に関して悩んでいます。高度成長の波に乗って、これまで急成長を果たしてきましたが、経済成長も鈍化の兆しが見えはじめ、これまでの経営のやり方では限界が見えてきたところです。

これまで中国企業のほとんどは、成果主義で社員のモチベーションを上げてきました。この成果主義が行き詰まりの大きな原因の一つです。私は、ある経営者から、こんな質問を受けました。

「最初、成果主義はうまく機能したように感じたが、会社が大きくなるにつれ、足かせになっている。幹部社員が自分の目標を上げようとしない。なぜなら、成果主義なので実績が目標を下回ると、収入が減るからです。京セラではどうしているんですか」

成果主義は企業を壊していく

企業の業績というのは、幹部クラスの社員が高いモチベーションを持ち、「もっと上を目指そうじゃないか」と自ら目標を上げていく状況を作らないと、トップがいくら口うるさく言ったところで継続的に伸びてはいきません。

成果主義の場合、業績が伸びれば給料は大きく上がりますが、逆の局面になれば年収は大幅ダウンになります。最も踏ん張らなければならないところで、モチベーションはどんどん低下していき、悪循環が始まる。これまで実績を出してきた人でも、「これ以上、本当に伸びるのか」と疑問を持つと、どうしても躊躇してしまいます。

アメーバ経営では、成果主義的な考え方を否定しています。全員参加により、みんなで協力して給料を稼いで、物心両面の幸せを目指す、そして世の中にも貢献していこうというのが基本方針です。成果主義は脱落者を多数生み出すので、経営に全員参加するアメーバ経営とは相いれないものなのです。

アメーバ経営でも、優秀な人はしっかり評価します。しかし、その評価の仕方がまったく違う。企業に本当に必要なのは、長期にわたって成果をあげられる人物です。ですので、毎年、少しずつ評価を積み重ね、ある程度のポイントに来たら、次のステップに昇格していく人事評価の仕組みを私たちは推奨しています。これを実力主義の人事制度と呼んでいます。

本当に成果をあげ続けられる人なのか、人間的にリーダーとしてふさわしいかどうかなどを数年単位で長期的に見ていきます。その間に、最小単位であるアメーバのリーダーとして活動してもらったり、勉強会や研修など経営のトレーニングを積み重ねるさまざまな機会を用意するなど、勉強する期間もちゃんと用意しています。

仮に一時的に大きな成果をあげたとしても、それで1段飛び、2段飛びで評価を上げることはありません。そういう評価をしたら、むしろ逆効果です。

一時的な成果というのは、本当にその人の力によってもたらされたものか、検証することは極めて難しいものです。たまたま市場環境がよかったのかもしれないし、周りの社員たちのすばらしい協力があったからかもしれない。前任者が苦労してまいた種の収穫を行っただけの可能性もあります。

業務の実績だけでなく、人柄や人格、考え方がリーダーにふさわしいかどうかも長期的に見て判断します。

中国の企業も今、成果主義に変わるマネジメント手法を探しています。そして、これまでまったく意識していなかったモラルや企業理念の大切さにも気づきはじめました。そうした中、ＪＡＬ再建をきっかけにアメーバ経営やフィロソフィの存在を知り、がぜん興味を持って勉強を始めたわけです。

中国のスーパーマーケットにＪＡＬ方式導入

中国におけるアメーバ経営導入企業は、ゲーム開発、寝具メーカー、スーパーマーケット、レストランなど、非常にバラエティーに富んでいます。

深圳《しんせん》に新一佳《しんいっか》というスーパーがあります。店舗数は約70店で、同社は関連のグループ会社を合わせると年商２９００億円に達します。董事長は李彬蘭《りひんらん》さんという女性で、数年前まではもう経営をやめ、会社を売却してしまおうと思っていたそうです。そんなとき、李さんは稲盛さんの経営哲学に出会い、「自分はスーパーをしっかり経営して社員の生活を守り、企業経営を通じて中国に貢献しなければならない、もう一度やってみよう」と決意を新たにし、会社を売ることを思いとどまったそうです。

李さんは才気あふれる人物で、医師の資格を保有し、パリで中華料理店も経営しており、料理人として国の代表になったこともあるかと思えば、中国では詩人としても知られています。

今まさに、新一佳にアメーバ経営を導入しているところです。新一佳の課題は、利益率が非常に低いことです。その理由は多数ありますが、たとえば従業員のモラルの低さはその一つで、従業員が商品を勝手に持ち帰ってしまうことが頻発していました。倉庫での管理でも、同様にずさんなところがありました。

私たちはまず、部門別採算制度を6店舗にだけ導入しました。李さんは全店に一斉導入を希望していましたが、まず6カ所の結果をしっかり出し、成功事例をつくったうえで全店に広げていくことにしたのです。新一佳では、病院やＪＡＬで用いた協力対価方式を導入しました。本部で仕入れを行っている商品部を採算部門とし、商品が売れたら、商品部がすべての売上をもらい、そこから販売してくれた店に協力対価を払います。在庫や店頭でのロスに関しては、それぞれどちらがどれだけの割合を負担するかなど細かな運用ルールを、私たちがサポートしながら従業員同士の話し合いで決めてもらいました。

このやり方では、商品部に利益責任を持たせた点が最大の特徴です。日本でもそうですが、流通業で商品部というのは非常に大きな権限を持っています。ところが、不思議なことに、ほとんどの場合、商品部は利益責任を負っていない。権限のあるところがそれに見合った利益責任を背負わなければ、企業内での利益責任の所在がうやむやになってしまいます。商品部のバイヤーは誘惑も多く、利益責任がなければ、納入業者に説得されて、ニーズの高くない商品を仕入れてしまうこともあります。要は、チェック機能がなかったわけです。

商品部に利益責任を持たせる形に変えたところ、店舗と商品部のコミュニケーションがものすごく密になりました。商品部のバイヤーは、採算が明確に出るので、より売れる商品を仕入れようと、店側から情報を取ろうとする。店側も、商品部からあまり売れそうにない商品が送られてきたら、商品部に「こんな物を仕入れてどうするんだ」と苦情を言ったり、「○○みたいな商品を増やしてほしい」と要望を伝えたりするようになりました。

以前は、こうしたコミュニケーションはほとんどありませんでした。売れなければ、商品部も店舗側も責任を押しつけ合い、結局何も解決しません。それが今では、採算が数字で正確に出るので、みんな必死になって利益を出そうとがんばるようになりました。

また、倉庫に関しては、私たちが日本に李さんを招いて、京セラの国分工場を見学してもらったり、福岡の食品スーパーに依頼して、その会社の倉庫を見学させてもらったりしたうえで、当社のコンサルタントが指導に入りました。

それから数カ月後、深圳の新一佳の倉庫に行く機会がありました。私が予想していたよりはるかにしっかり管理されているのに驚きました。倉庫には鍵がかかるようになっており、通路には一切物が置かれていません。商品は棚に整然と並べられ、従業員が必要な商品をピックアップしやすいようになっていました。商品の受入れ管理もバーコードが導入され、読み取った情報がそのまま在庫情報として記録されています。以前は、この部分がいい加減だったので、商品を勝手に置いて帰る納入業者がいたり、在庫を勝手に持ち帰る従業員もいたそうです。棚卸しをしたら数が合わず、納入業者に疑いの目が向けられたこともありましたが、今はバーコードを活用した受入れに変更し、納品時に受領書がすぐに出てくるので、納入業者にも好評とのことです。

倉庫見学が終わり、次はどこに連れていってくれるのかと思っていたら、会議室に案内されました。そこには、店の幹部がずらりと勢揃いしていて、アメーバ経営に関するQ&Aが始まり、一つのQ&Aが終わるごとにコメントを求められました。およそ1時間ほどでしたが、利益をどう伸ばしていくかということに、全員が強い関心を持ち、少しでもプラスになる情報を得たいという思いが、ひしひしと伝わってきました。

リーダーシップを発揮しやすくする「人柄のよさ」

部門別採算制度はもちろん、フィロソフィの導入も進めています。日本で行うのと同様に、人として正しいことをする、正直に生きる、人に親切にするといったことが、人間として大事なことだと、勉強会や研修会を通じて従業員に教えていきます。嘘をつかない、人のものを盗まない、人をだまさない。どれも当たり前のことです。人としての原理原則、最もプリミティブなことだけれど、これを実践することが持続的に成果を出していくためには非常に大事だと、時間をかけて教えていきます。

フィロソフィが浸透していくと、従業員の質や人柄がよくなっていきます。考え方が変わるので、収益も上がるし、従業員にも元気が出てくる。すると、来店するお客さんからの印象もアップし、来店客が増えるという好循環が生まれてくるようになります。

従業員の人柄をよくしていけば、その人と関係のある人たちも何かと協力してくれるようになります。何かお願い事をするときに賛同を得やすくなるという効果があり、リーダーシップを発揮しやすくなるのです。

新一佳でフィロソフィが浸透しつつあるのは、やはり董事長の李さんが並々ならぬ熱意で稲盛さんの哲学を勉強し、率先して従業員に伝えようとしているからです。

2012年9月、日本政府が尖閣諸島の国有化を決定後、日中関係が悪化し、中国では大規模な反日運動が起きました。新一佳の李さんは普段から稲盛さんの指導を受けていると公言していたので、「日本人に学んでいるのはけしからん」といった内容のメールが、自社の従業員のものも含めてたくさん来たそうです。

そのときに李さんは、「稲盛さんは日本人だけど、彼は世界のリーダーです。世界の人々が孔子や孟子を学ぶように、私は稲盛さんからこれからも学ぶ。何か問題があったらおっしゃってください」と一通ずつ返事を書いていったら、その後誰も何も言わなくなったそうです。普通なら生命の危険を感じて、教えを受けるのをやめましたと宣言してもおかしくない状況でしたが、李さんはまったく動じませんでした。その度胸と強靱な精神力には感服させられました。と同時に、経営者としての器の大きさを感じました。

アジアを中心に世界へ

中国の経営者たちは、高度経済成長の波に乗り遅れまいと米国流の経営を学び、自分の会社の規模を大きくしていきましたが、人の上に立つリーダーとしてどうあるべきかという教えを受ける機会を、残念ながらあまり持つことができなかったように思います。成果主義などの経営手法を貪欲に取り入れ、いかに効率的にお金を儲けるかに意識が向いていた人が、最近になって幹部や社員との人間関係の難しさに直面し、組織の基盤がちゃんとできていないことに気づきはじめたのだと思います。

中国で稲盛さんの哲学が広まったのは、中国の盛和塾代表である曹岫雲《そうしゅううん》さんの力によるところが大きい。曹さんが「稲盛さんの教えは非常に優れている」と中国の企業向けに熱心に活動を展開され、稲盛さんの著書を曹さんが翻訳出版したり、中国の国営放送に稲盛さんを紹介したりするなど、曹さんの活動をきっかけに広がっていきました。

中国には、孔子や孟子、老子、王陽明などの有名な思想家がいますが、今ようやく、いにしえの知恵のすばらしさが見直されているところです。稲盛さんの経営哲学の底流には、中国のそうした古い教えも取り入れられており、中国の人にも共感しやすいと私は見ています。今、中国の盛和塾の塾生数は1000人ですが、これを1万人にするのが当面の目標と曹さんは言っています。今の塾生数は全世界で9000人近くいますから、そのうち中国が一番多くなるかもしれません。

また、中国だけではなく、韓国やモンゴル、台湾からも、アメーバ経営を教えてほしいと引き合いが来ています。アメーバ経営には、日本の家族主義的な温かさがあります。まずはアジアを中心に、そしていずれは欧米にも、アメーバ経営を広めていければと考えています。

おわりに

私は京セラで長年、アメーバ経営の仕組み作りと運営に携わってきましたが、その後、京セラのグループ会社の経営者として、アメーバ経営を活用して業績を立て直す経験もしました。つまり、アメーバ経営は自分自身で効果を実証済みの経営手法でもあるのです。

１９８６年、私は京セラの中にＡＰＳ事業部という社内ベンチャーを立ち上げました。京セラでは80年代に入るといち早くパソコンを導入したのですが、今では信じられない話かもしれませんが、当初は何に使っていいのかよくわかりませんでした。せっかく高価な機器を入れたので無駄にしてはいけない。何とか使い道を考えようということで思いついたのが、アメーバ経営で使うさまざまな経営データの集計や処理でした。

受注残や製造実績の情報をパソコンで集計し、閲覧できるようにすることから始まり、プログラムを組んだりしているうちに、もっといろいろと活用できるのではないかと思い、社内ベンチャーを作りました。今でいう情報システム事業と、グループ会社などへのアメーバ経営のコンサルティング事業の二つを手がけました。そのうちに、グループ内だけではなく、他社にサービスを展開するようになり、95年に京セラコミュニケーションシステム（ＫＣＣＳ）として独立を果たし、私が社長を務めることになりました。

その2カ月後、京セラ電子機器（ＫＥＫ）という会社をＫＣＣＳで引き受けました。ＫＥＫはもともとレジスターを販売する会社でしたが、業績不振で京セラが買収して、経営を引き受け、ＰＨＳの基地局の建設や保守などに事業を転換していました。しかし、赤字を垂れ流す状態が続いており、ＫＣＣＳと合併させて経営を立て直すことになったのです。合併したときＫＥＫの負債は十数億円あり、ＫＣＣＳはいきなり借金を抱え込みました。

しかも、社内を見渡すと課題が山積していました。ＫＥＫを合併したことで社員数は一気に膨れあがり、その内訳は京セラ出身者３４０人、ＫＥＫ出身者２８０人、中途入社１４７人と、三つどもえの状況でした。この３グループの社員をいかにうまくまとめていくかが非常に大きな課題でした。

ＫＥＫ出身者は赤字を出すことに慣れてしまっていて、中途採用の人は京セラのことがまだよくわかっていない。京セラ出身者は「俺たちは京セラ出向組で、ＫＥＫとは違う」と思っているわけです。つまり、ばらばらでした。

これらの課題を解決するためには、アメーバ経営を徹底的に活用するしかありません。まず、部門別採算制度導入と、フィロソフィ教育の二つです。最初の1年は京セラフィロソフィをベースにＫＣＣＳ手帳を作って全従業員に配布し、研修を行い、一生懸命教え込み、従業員の一致団結を図りました。

さらに96年1月、ＫＣＣＳは21世紀型企業を目指す、という方針を発表しました。21世紀までの5年間を飛躍のための準備期間にし、数値目標として5期で売上高５００億円、時間当り５５００円、税引前利益75億円、利益率15%を目指していくことを宣言しました。

ただし、目の前は茨の道でした。携帯電話の普及によりＰＨＳ利用者はその後、急速に減ることが確実視されていました。ＫＣＣＳでは通信エンジニアリング事業の中心を携帯電話の基地局の工事・保守にシフトしていくため、約3年かけて携帯基地局の工事に必要な建設業や電気通信業の許認可の取得や、技術者の育成に取り組み、新規参入の準備を進めました。しかし、この分野では最後発であり、すでに各携帯電話会社に深く食い込んでいる競合会社がいくつもあって、工事の受注は容易ではありませんでした。

２０００年ごろからようやく仕事を受注できるようになったのですが、通信エンジニアリング事業は２００2年度まで赤字でした。これは携帯電話会社側のコスト削減により、基地局工事の発注単価が大幅に引き下げられたことが大きく影響しました。

私は採算性を上げるため、工事にかかるさまざまな費用の単価を洗い出して一覧表にし、アメーバ経営の採算表を用いて工事の原価計算を簡単にできる方法を考案しました。そして、社内で勉強会を開いて、計算方法を教えて回りました。さらに、工事の発注は社長決裁とし、発注書に採算表を使った計画書を添付する、時間当り４５００円以上が出る工事の発注のみ決裁すると、通信エンジニアリング事業部門の技術者たちに告げたのです。

当初は時間当り２８００円くらいの稟議書しか出てきませんでした。しかし、２８００円では私がサインしないので、現場はどうすれば時間当りを上げられるか必死で考えるようになりました。

携帯電話の基地局の工事というのは、実際の工事の大部分は外部の協力会社に依頼します。利益を残すには、外注費か自分の部門の経費を削るしかありません。自部門で経費を削るには、何回現場を見に行くかなどの直接工数（人数×作業時間）を減らすことが早道です。私は時間当り４５００円以上しか稟議を通しませんから、工事担当者は従来２００時間かかっていた工事を１００時間にして、稟議書を持ってくるわけです。

時間を減らすと確かに時間当りは上がるのですが、直接工数を減らしすぎると、その分外注比率が上がるので、今度は数百人いる当社の技術者の仕事がなくなってしまいます。営業部隊が必死にがんばって５０００万円の注文を取ってきても、工期2カ月で１００時間という設計にしていたら、たった2人月分の仕事にしかならないわけです。それではとても、３００人いる通信エンジニアリング事業の社員全員を食べさせていくことはできません。営業部隊は外注業者のために仕事を取ってきたのか、ということになってしまいます。

５０００万円分の受注をもらったら、せめて10人月くらいの給料を払える分の差引収益を残してほしいということを、工事を担当するエンジニアリング部門に何度も話しました。それで工事担当者は、外注割合をある程度抑えたうえで、何ができるかを一生懸命考えました。

結局、コストを下げる最も効果的な方法は、無駄を極力なくして工期を短くすることなんです。作業の手を速めるのではありません。現場での作業は、安全を確認しながら確実に作業をするべきです。慌てて作業するのはむしろよくない。問題なのは段取りの悪さです。現場に着いてみたら、材料が到着していなかった、荷物は来ているけれど業者が来ていないといった無駄なことが、現場ではたくさん起きています。安全を確保しつつも、無駄をなくして工期を短くすることが、利益率の高い仕事につながるのです。そこで作業の手順や内容、段取りのやり方などを徹底的に見直して、改善していきました。

一例をあげると、安全品質センターというコールセンターを本社に設置し、工事現場の到着時と作業終了後に電話をしてもらうようにしました。終了時の電話では、その日の作業内容を確認し、忘れ物のチェックなどもします。ビルやマンションの屋上に基地局を設置するとき、屋上に出るためのドアの鍵を返し忘れたり、紛失したり、閉め忘れたりしてトラブルになることがありました。ですから、鍵は閉めたか、管理人さんに返したかというチェックも電話で行います。外注の協力会社にも、何かあったときは連絡するようにとコールセンターの番号を伝えてありますので、何かあった場合でもすぐに次の手を打てるようになっています。

これらの取り組みの結果、ＫＣＣＳの通信エンジニアリング事業の業績は、２００１年度の売上高89億円、税引前12億円の赤字から、２００７年度には売上高２７２億円、税引前利益19・5億円となり、利益ベースで30億円改善しました。その後、アメーバ経営のコンサルティングなどを行っていたＫＣＣＳの経営コンサルティング事業部門は、２００６年にＫＣＣＳマネジメントコンサルティング（ＫＣＭＣ）として独立しました。

２０１２年度にはＫＣＣＳグループ全体で売上高１０００億円を突破しました。それが実現できたのも、アメーバ経営によって、マーケットに直結した部門別採算制度の確立、経営者意識を持つ人材の育成、全員参加経営の実現の三つの目的が達成できたことに尽きます。

ＫＣＭＣでは、中小企業経営者の交流会や勉強会を頻繁に開催しています。その際にＫＣＣＳの苦労話をすることもあるのですが、「ＫＣＣＳさんは優秀な社員が多いから、赤字事業を黒字にすることができたのではないですか」と感想を言う人もいます。しかし、45年以上アメーバ経営に関わってきた経験から言うと、社員が優秀かどうかはあまり関係ありません。一つの課題にどれだけ使命感を持って、集中して頭を絞れるか、努力できるか、そこにかかっている。どうしてもやってやる、と強い思いで考え抜くから、そこにひらめきが生まれるのです。逆に、優秀な人ほど自分に自信があるので、他人の考えに耳を貸さなかったり、他人と協調できなかったりすることもあります。

もう一つ重要なのは、熱心に取り組んでいると周りの人たちが協力するようになってくれることです。功成り名を遂げた人に「なぜ成功したんですか」と聞くと、「いやー周りの人たちがすごく協力してくれてね」という答えが返ってくることが多いのですが、もう一歩踏み込んで「なぜ、あなたに協力してくれたのですか」と聞く人はあまりいません。実は、そこにこそ、成功の本質が隠されています。

ものすごく一生懸命に取り組んでいる様子を見たら、誰でも助けたくなるものです。それが思いの強さであり、成功の原動力になるものです。人の思いは本人が考えているよりはるかに大きなエネルギーを生み出し、周りも巻き込んで、大事を成していくわけです。

アメーバ経営は、経営者と従業員の熱い思いを引き出し、成果という形に変えることができる最強のツールです。そして、働く人の心に響く経営手法です。そこが、欧米で生まれたホワイトカラーを中心に置いた経営手法との決定的な違いであり、優れた点であると自負しています。

かつてに比べると、いささか元気をなくしてしまった日本企業に、そしてこれから世界に飛躍する企業に、アメーバ経営をさらに広め、経営者とその下で働く人たちの幸せに貢献していきたいと思っています。

謝辞

京セラの稲盛和夫名誉会長が考案された経営管理手法「アメーバ経営」のコンサルティング事業を開始して、今年で満25年を迎えました。これまでに、多くの企業経営者の方から、どうすればアメーバ経営をうまく活用することができるのか、実践的な方法を解説してほしいというご要望を多数いただいてきました。私の長年にわたるコンサルティング活動の成果が、少しでも皆さまのお役に立てればと考え、本書を発刊させていただくこととしました。

また私は、アメーバ経営コンサルティングの事業を行うと同時に、「アメーバ経営」を学術的に分析し、体系化して、理論づけを行っていく必要性を感じていました。そこで、アメーバ経営にいち早く着目し、研究を開始されていた神戸大学の加護野忠男名誉教授に相談に乗っていただき、２００６年にアメーバ経営の研究組織「アメーバ経営学術研究会」を発足しました。

このアメーバ経営学術研究会は、一橋大学、神戸大学、京都大学の経営学・会計学の研究者を主要メンバーとしてスタートし、現在はさらに多くの大学が参画しています。この学術研究会の目的は、「アメーバ経営を21世紀における日本を代表する管理会計として学術的に確立する」、そして「アメーバ経営の研究成果の発信を通じて、産業社会の啓蒙を図り、企業の発展に寄与する」こととし、日々研究を重ねています。

２００９年には、稲盛名誉会長、研究者、アメーバ経営を学ぶ「アメーバ経営倶楽部」の会員などが出席し、これまでの研究における成果を発表する第１回目のシンポジウムを開催しました。２０１０年にはこれまでの研究成果論文の集大成として書籍『アメーバ経営学――理論と実証』を出版しています。さらに、前一橋大学大学院教授の廣本敏郎氏、ニュージーランドオタゴ大学教授ラルフ・Ｗ・アドラー氏の共著によるアメーバ経営に関する論文「Amoeba management：Lessons From Japan's Kyocera」が、米国マサチューセッツ工科大学スローン・マネジメント・スクール発行の季刊誌「ＭＩＴスローン・マネジメント・レビュー（２０１２年９月）」に掲載されるなど、海外への発信も進み、高い評価を得ています。

前述の加護野名誉教授は、「従来の経営システムがホワイトカラー中心の経営であるのに対し、アメーバ経営はホワイトカラー／ブルーカラーを問わず、全社員が経営そのものに深く関わることが大きな特長であり、その意味でアメーバ経営は大きな成長を遂げ、全世界に貢献できる可能性を持っている」と語っておられます。企業を取り巻く環境は、その変化のスピードをますます速めています。そのような状況においても、アメーバ経営は変わることなく実践され続けています。

一般に、「経営の現状をどう改善していくか」の解決策を提示することが経営コンサルティングとされている中、長期的で安定した理想の経営を行うためには、「理念の浸透」と「経営の仕組み」こそが大切であるという思いを原点に、さまざまなお客さまの企業革新のお手伝いをさせていただいております。

アメーバ経営自身も進化を続けています。製造業にとどまらず、日本航空への適用が再建の大きな原動力となったように、新たな分野においても、企業の規模や業種を問わず、経営の改善に大きな効果をあげています。このことは、アメーバ経営の持つベーシックな考え方と、人を活かし、人の成長を育む普遍的な取り組みが、企業の活力と健全性を高め、いかなる企業環境においても優れた効果を上げ続けることができることを証明しています。

私は、激動の時代であるからこそ、「心の経営」と言われるアメーバ経営がますます注目されていくことを確信しています。

今回の出版に当たっては、多くの方々にご協力いただきました。アメーバ経営の導入事例として紹介させていただいた日本航空、荻野工業、天神会、ケアサービス、新一佳の関係者の皆さまに心より感謝申し上げます。また、本書の編集に当たってご尽力いただいた日経ＢＰ社出版局の沖本健二氏、原稿整理に協力してくれたＫＣＣＳマネジメントコンサルティング社長の浅田英治、顧問の井田芳夫、同経営企画部の堀直樹、八代彩子にも謝意を表します。本書が、経営に携わる皆さまのお役に立ち、企業活性化の一助となることを心より祈念しています。

森田 直行

付録

①早わかりアメーバ経営
②アメーバ経営用語集

※早わかりアメーバ経営1

一人ひとりの社員が主役

Point アメーバ経営では、一つのアメーバ（5～10人のグループ）が、あたかも町工場や商店のように、自らが創意工夫しながら経営を行っていきます。

アメーバ経営とは京セラ創業者の稲盛和夫名誉会長がつくり出した、経営哲学をベースにしたトータルな経営管理システムです。会社組織が「アメーバ」と呼ばれる小集団に分けられ、部門リーダーがその経営を行います。リーダーは自ら計画を立て、メンバー全員の知恵と努力を結集して目標を達成していきます。同時に、アメーバごとの経営内容が正確に把握できるよう、精緻な部門別採算管理の仕組みがつくられ、経営結果が全従業員にオープンにされます。このような経営によって、アメーバ経営では三つの目的を実現していきます。

① 市場に直結した部門別採算制度の確立

会社経営の原理原則は、売上を最大にして経費を最小にしていくことです。この原則を全社にわたって実践していくために、アメーバごとに収支を捉えられるルールを構築し、現場に市場のダイナミズムを持ち込みます。

② 経営意識を持つ人材の育成

小さく分割された組織（アメーバ）では、部門リーダーが経営全般を任されます。部門リーダーは、仕事の進捗確認やメンバーへの采配など、日々経営者として経験を積み、「経営者意識を持つ人材」へと成長します。

③ 全員参加経営の実現

アメーバ経営では会社の経営数字がオープンにされます。このことで全従業員が経営状態を共有し合い、労使の関係ではなく「パートナーシップ」の関係で経営を行います。そして会社が目指す目的を共有し、全従業員が力を合わせ、社員一人ひとりが主役になる「全員参加経営」を実現します。

食料品店を例にすると――

これまで、お店全体でどんぶり勘定していたのを、「魚」「肉」「野菜」と別々にザルを用意することで、それぞれの1日の売上が一目瞭然となります。このようにすることで、経営の実態がより細かく見え、「魚の売上をこのように伸ばそう」とさまざまな創意工夫が生まれてきます。

※『アメーバマネジメントダイアリー』（ＫＣＭＣ）をもとに作成

早わかりアメーバ経営2

Point

アメーバ組織とは

アメーバ組織は、チームの全員が自分たちの目標に向かって経営に参加していくことで、その成果を仲間とともに喜び、感謝し合う、燃える集団作りを目指します。

アメーバ経営では、組織を小さな単位に分けて、小集団で採算活動を行っていきます。特別な組織が作られるということではなく、あくまでも、現在の職場や部門をその役割や機能別にわかりやすい単位にして、チームとしての活動を見やすくしようというものです。

各アメーバには、責任を持って部門を運営するリーダーが配置され、リーダーを中心に部門の採算をよくしようと全員で取り組んでいきます。

私たちが携わるビジネスには、すべてにおいて「流れ」が存在し、さまざまなプロセスを経て、一つの仕事が完成します。会社全体としての組織力は、会社を構成する各組織がそれぞれの役割と責任を深く認識し、それを果たそうとする強い使命感で決まると言っても過言ではありません。また、各アメーバが自分たちの採算を向上させていくには、他のアメーバとの連携や協力が不可欠になります。このように小さく分かれたアメーバ組織が、会社全体を支えていくとともに、会社という運命共同体の一員として機能していくことを目指します。

アメーバ組織は、会社全体での大きな機能（営業や製造など）を明確にしたうえで、それぞれの機能を細かく分けていきます。このときに、独立して採算が管理できる組織の最小単位を「アメーバ」と呼びます。

会社はそれぞれのアメーバによって支えられています。そのため、アメーバの成果を高めることが、会社全体の成果を高めることになり、結果として会社が発展していくことになります。

組織の機能と基本的な役割

「製造・サービス」……ものづくり・サービス提供を通して付加価値を創出する採算部門。

「営業」……販売活動を通して、お客さまの満足度を高める採算部門。

「管理」……各アメーバの事業活動を支援し、会社全体の円滑な運営を促進する。

「研究開発」……市場のニーズに基づいた新製品、新技術を開発する。

早わかりアメーバ経営3

時間当り採算表は家計簿と同じ

Point

収入から、使った費用（支出）を差し引いて、「残金＝儲け（付加価値）」を算出します。採算表は家計簿のようにわかりやすい管理資料で、経理の知識がなくても経営の数字の意味を簡単に理解できます。

時間当り採算表の特徴

①付加価値を追求する

部門の収入（総生産＝製造部門の場合）から経費を引いて付加価値（差引収益）を求めます。これを部門内で働いた時間で割り、1時間当りの付加価値である「時間当り」を算出します。この時間当り付加価値を高め、追求することで、採算の向上を目指します。

②常に金額で表す

活動した成果を「何個作った、何個買った」という数量ではなく、「いくら分つくった、いくら購入した」という金額で捉え、1円単位で正確に把握します。これにより、お金の流れを実感しやすくしているのです。

③
時間を意識する

時間当りを上げるためには、「収入を増やす」「経費を減らす」「時間を少なくする」の三つの方法があります。アメーバ経営では、「時間」に対する概念を取り入れることで、時間の大切さをみんなが自覚し、企業としての競争力を強化していきます。

時間当り採算表の例（下は家計簿）

	予定	実績
総出荷（b+c）		
社外出荷（b）		
社内売（c）		
社内買（d）	▲	▲
総生産（a=b+c-d）　計	円	円
経費（e）　計	円	円
原材料費		
外注加工費		
電力費		
……		
……		
……		
……		
……		
金利・償却代		
部内共通費		
工場経費		
本社経費		
営業手数料		
差引収益（f=a-e）　計	円	円
総労働時間（g）	時間	時間
定時間		
残業時間		
部内共通時間		
当月時間当り（f/g）	円	円
時間当り生産高（a/g）		

	月　日
給料	
パート収入	
利息・配当	
その他収入	
収入　計	円
支出　計	円
食費	
衣料品	
水道光熱	
生活用品	
住宅用品	
教育	
娯楽	
医療	
保険	
税金	
貯蓄	
ローン返済	
その他支出	
現金残高　計	円

早わかりアメーバ経営４

採算管理のＰＤＣＡサイクルを回す

Point
月次採算を追求していく過程で、リーダーとしての経営者マインド、部門メンバーの経営参加意識を高めていきます。

アメーバ経営では、月次でＰＤＣＡのサイクルを回していくことで、経営の向上を目指していきます。

予定（ＰＬＡＮ）

アメーバ経営における「予定」とは、当月の売上予想や生産見込みを計算したものではなく、リーダーが自らの意志で達成するべき目標をあらかじめ定め、その達成を約束する思いを時間当り採算表に表したものです。

実行（ＤＯ）

月次の採算表は、毎日の売上や経費の集積により作られるものです。たとえば生産部門であれば、受注残と生産の進捗状況を日々確認し、材料などの資材品の手配を行い、生産予定を確実に遂行していくことが大切です。

分析（CHECK）

採算表の予定と実績を対比して、数字の差異を分析します。表面的な数字の差異だけでなく、「予定を達成するためにどのような手を打ったか」「その対策は適切だったか」など、差異が生じた真の要因をつかむことが重要です。

対策（ACTION）

自部門の経営をさらに伸ばしていくために、次月以降の取り組み課題を明確にし、問題事項を全員で検討します。

PDCAサイクルを継続的に回す

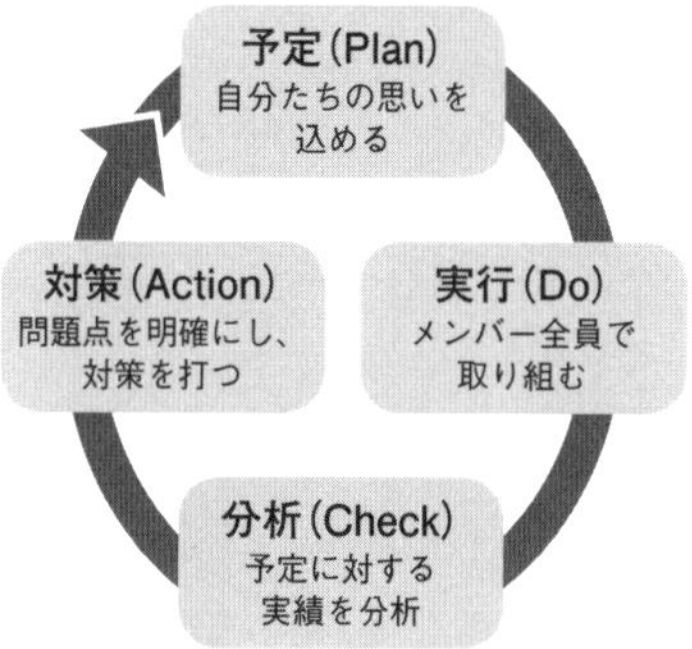
予定(Plan)
自分たちの思いを込める
実行(Do)
メンバー全員で取り組む
分析(Check)
予定に対する実績を分析
対策(Action)
問題点を明確にし、対策を打つ

早わかりアメーバ経営5

部門ミーティングの開催

Point 立てた予定を共有し、実行していくために、部門内のコミュニケーションを活発にし、メンバーのアイデアを生かしていくことが欠かせません。

部門内ミーティングの開催目的は、リーダーが次月の部門の目標を明確にしたうえで、目標達成のための具体的な取り組み課題を設定し、メンバーのベクトルを合わせていきます。

部門ミーティングのあり方

1　実績の内容分析と前月の反省を語る

・採算表を通して、目標の達成状況、達成結果をメンバーにフィードバックする。

2　職場の課題・問題点についての提起・意見を吸い上げ、改善策を検討する

・現場の担当者が困っている、もっとこのようになればよいと感じているなど、一つひとつの小さなテーマが貴重です。現場の担当者の知恵をいかに引き出すかが、リーダーの重要な役割です。

3 当月予定の内容と取り組み課題を示す

・単に数字を読み上げるだけでなく、リーダーが何としてもこの予定を達成したいという思いを自分の言葉で述べる。

・何をどのように行動すれば達成できるのかを、できるだけ具体的に伝える。

・それぞれの目標を達成することが、自部門の採算に反映され、部門ひいては会社に貢献するというイメージを、全員が持てるようにする。

4 目指す自部門のビジョン・夢を語る

・リーダーは自部門の存在意義や目指したい目標、姿を、自らの言葉でメンバーに語りかける。

早わかりアメーバ経営6

朝礼の開催

Point 朝礼は、職場メンバー全員の心を合わせていくための貴重な時間。朝礼の場を見るだけでその職場の状態がわかるといわれるほど、職場の風土作りには欠かせないコミュニケーションの場です。

全体朝礼と部門朝礼を実施します。今日一日、自分たちがどのようなことを考え、目指して業務に取り組んでいくのか、意思疎通を図っていくための大変重要な機会です。朝礼の主な実施内容は、①朝のあいさつ、②出欠確認、③実績進捗状況・予定報告、④連絡事項、⑤経営理念手帳の輪読。

全体朝礼の進め方

1　指揮者が全員の前に立つ（指揮者は職場のリーダーが担当）

大きな声で指揮者より「○○さんを基準にして、全体、気をつけ！　それでは朝礼を始めます。おはようございます」。続いて全員で声を合わせて、「おはようございます」

2 各部門の出勤状況を発表

欠勤者、遅刻者については、その理由を報告。

3 各実績進捗・予定報告

各部門の昨日までの累計実績と進捗率を発表。自部門の実績だけでなく他部門を含めた全体の状況を全員で共有することが大切です。

4 その他連絡事項・本日の主な行事予定（お客さまの来訪予定など）

5 社訓・経営理念の唱和

6 経営理念手帳の輪読

輪番制で項目を読み上げ、所感を述べる。それに対してリーダーがコメントする。

7 締め～解散

最後に「それでは今日も元気に精いっぱいがんばりましょう！」。続いて全員で「よろしくお願いします！」と全体で礼をする。

各部門単位の朝礼

自部門の進捗実績の確認、共有。各自の行動スケジュールを確認。このとき、「何としても予定を達成しよう」というリーダーの思いを伝えることが大切です。

早わかりアメーバ経営7　コンパの実施

Point　コンパを通じて、ともに働く仲間として仕事における悩みや夢を本気で語り合い、信頼関係を築く。

アメーバ経営では、会社全体でのベクトル合わせや、各アメーバ内のまとまりが大変重要となります。そのためにも社内において、お互いが強固な信頼関係を築いていくことが欠かせません。ともに働く仲間として、お酒を飲みながら、胸襟を開いて、日々の仕事における悩みや夢を本気で語り合う場がコンパです。励まし合い、熱い思いを共有することで、結束力と信頼関係を築いていくことが目的です。コンパの例としては、経営会議終了後の決起コンパ、経営トップや幹部・アメーバリーダーとの個別コンパ、アメーバ単位でのコンパなどがあります。

決起コンパの進行例

1　司会開会あいさつ　本日のコンパの目的をしっかり話す。

2　トップからのお話

3　乾杯

幹部からのあいさつ、および乾杯の発声。

4　歓談

テーブルごとに幹部を囲み、日ごろなかなか話せないことを素直に質問したり、話し込んだりする。

5　決意表明

リーダーからの決意表明（数名で1人5分程度）。できるだけ具体的な目標（数字）と思いを表明する。全員が歓談を中止し、決意表明者の話を聞く。

6　締めの言葉

このコンパで感じたことなどを踏まえ、夢のある話を心がける。

7　司会閉会あいさつ

コンパの要諦

1　幹事は会次第（プログラム）と配席表を作成。会場はなるべく座敷を選定する。

2　開会時に、必ずコンパ開催の目的を伝える。

3　他の人が立って話している際は、全員が耳を傾ける雰囲気を大切にする。

4　日ごろ話し合う機会の少ない人同士が、積極的な交流を持てるよう配席を工夫する。

5　先輩には本音でぶつかって教えを請い、後輩からは積極的に相談を受ける。

6　全員参加を原則とする。

アメーバ経営用語集は
251ページ
から始まります。

京セラでは「枠取り」を前提とした予算制度を採用していない。マスタープランを予算に代えている。また予算制度がないのは、必要なときに必要なものを購入するという「当座買いの原則」の精神の表れである。たとえば、設備投資を行う場合、設備投資計画書を添付し、稟議決裁を受けることで、その支出に対する必要性、客観性、妥当性を証明する運用をしている。

センター（費用だけが集計される部門）であるのに対して、アメーバ経営では営業部門、製造部門の各アメーバが市場の変化を直接感じ取り、プロフィットセンターとして、自らの採算を維持、向上させるよう、メンバー全員の力を結集している。

本社経費

営業部門の時間当り採算表の科目の一つ。広告宣伝費など全社的な経費に充当することを主たる目的として各部門より総時間1時間当り一律に徴収する経費をいう。

本社収入

本社機構を構成する項目のうち、社内金利、本社口銭収入（＝本社経費）を総称していう。いずれも、採算部門において負担しており、本社機構が受取部門となる。これらの収入により、管理部門、本社負担経費を含めた本社機構の運営費を賄う。

本社負担経費

事業活動以外で会社として必要な事項に関する経費を特別経費として負担するものをいう。

マスタープラン

マスタープランとは会社全体の方針や各事業部における方針や目標を受け、厳密なシミュレーションを繰り返したうえで、「この1年間どのような経営をしたいのか」というリーダーの意志を示すものである。月単位で時間当り採算表の形式で作成されるので、月々および半期、通期形式でも実績との対比が可能であり、このマスタープランを達成することが全社的な大目標となる。

京セラでは、毎期（4月～翌月3月）各部門において受注、総生産、売上高、差引売上、総時間、時間当り、人件費、税引前利益、設備投資額、人員計画を作成して、京セラ単独だけでなく、グループ会社を含めた連結ベースで集計し、マスタープランとして事業年度の目標を数値で表している。

予算（制度）

中・長期計画に基づいて、予算期間における企業グループの具体的な事業計画や業務計画を数値によって表示し、これを総合編成したものをいう。予算期間における利益やキャッシュフローなどの企業グループ目標を指示し、各業務分野の諸活動を企業内および企業外部とも調整し、企業グループ全般にわたる総合的管理の用具となる。

移動する場合の振替科目をいう。

入荷

資材品や社内売買品などが工場（事業所）の外部から納入または配達され、受け入れ部門に届けられることをいう。

配賦

非採算部門で発生した経費、時間を採算部門に割り振ることをいう。

発生主義

現金の収入や支出に関係なく、価値が発生した時点で収益を、価値が消費された時点で費用を認識する。これに対して、現金の収入・支出が発生したときに収益、支出を計上する基準を現金主義という。

非採算部門

製造部門の時間当り採算表上の総生産、控除額、差引売上（収益）が発生しない部門、または営業部門の時間当り採算表上の発注、総売上高、総収益、経費合計、差引収益が発生しない部門であり、経費、時間が最終的には関連する採算部門に配賦される部門、ならびに採算部門に経費を配賦せず負担する本社機構をいう。

標準原価方式

すべての原価要素の価格や消費量を科学的・統計的に調査し、あらかじめ原価標準を設定し、発生した実際原価（実績）と標準原価の際により評価する方式をいう。京セラでは標準原価方式は、膨大で煩雑な作業が必要であり、実際的な価値・効果がないという考えから採用せず、「売価・原価は常に変動する」「市場価格の下落を在庫評価に織り込む」という考えから売価還元法を採用している。

付加価値

時間当り採算における付加価値とは、売上金額から製品を生み出すためにかかる材料費や設備機械の償却費など、労務費を除くすべての控除額（経費）を引いたものである。

部内共通費（時間）

時間当り採算表の科目の一つ。所属する事業本部、統括事業部、事業部内の生産計上のない間接部門や営業部門から割り振られる経費（時間）をいう。

プロフィットセンター

収入と支出が明確で利益を管理できる組織単位のこと。一般的なメーカーでは、製造部門はコスト荷と社内売買による社内売の合計をいう。つまり製造部門が生産計上した額を出荷先に関係なく合計したものである。あくまで名称であって実際の出荷を意味するのではない。算出方法は「総出荷＝社外出荷＋社内売」。

総生産

製造部門の時間当り採算表の科目の一つ。アメーバが生み出した実質生産額をいう。前工程のアメーバから社内売買した製品・商品には前工程における付加価値が含まれているため、自部門の総出荷から社内買金額を差し引きすることで、自部門で上げた付加価値を総生産として表すことができる。社外出荷、社内売を増やすと同時に社内買を抑えることで、最大化される。算出方法は「総生産＝総出荷－社内買」。

ダブルチェック

一つの業務（オペレーション）に対し、実施者に加え複数の人間あるいは役割の異なる他部門のチェックを通し、その業務を正確なものと認めることをいう。人に罪を作らせないための原則である。資材品の購入、製品の発送、売掛金の回収などあらゆる業務について実施される。

直接部門

広義では製造、営業、研究などの採算部門をいう。狭義としては各製造、営業、研究部門の中で、間接を除いた受注、生産、売上計上を行う部門をいう。

定時間

時間当り採算表の科目の一つ。稼働日のうち勤務時間帯により定められた就業時間の合計をいう。

当座買い

原材料や部材、消耗品などを大量購入せず、必要なものを必要なときに必要な量だけ購入することをいう。まとめ買いをすることによって余計にかかる管理コストを抑制するとともに、客先の仕様変更により部材が使えなくなるリスクと、購入財の無駄遣いを防ぐ効果がある。

内部技術料

製造部門の時間当り採算表の項目の一つ。研究部門が行う製品、材料、技術の新規開発、および改良・改善に対し、製造部門が支払う技術料の社内取引をいう。

内部諸経費

時間当り採算表の項目の一つ。諸経費の複合科目を他部門へ経費

生産計上

製造部門が原材料などを用い生産した製品、商品を製造部門の収益として計上することをいう。

製造在庫

EDP管理されない在庫（仕掛品、原材料、貯蔵品）、またはEDP管理された在庫のうち、営業在庫（製品在庫）を除く、製造部門に責任のある在庫（社内在庫、資材在庫）をいう。

製造受注残

製造命令書（社内と社外）が発行されている受注残のうち、まだ生産計上されていない受注残をいう。

製造部門

常に客先を満足させるような価格、品質、サービス、納期の製品を生産し、利益を生み出す部門をいう。

製品

受注生産システムに基づいて生産されたものを製品という。これに対して、在庫販売システムによるものを商品と呼ぶ。

総売上高

営業部門の時間当り採算表の科目の一つ。売上高の総額より、売上返品、売上値引の金額を差し引いた金額をいう。また、損益計算上では売上高の総額をいう。算出方法は、時間当りの場合「総売上高＝売上高総額－返品・値引き」、損益計算書上は「総売上高＝売上高総額」。

総時間

時間当り採算表の科目の一つ。定時間と残業および部内共通時間と間接共通時間の合計をいう。差引売上（製造の場合）または差引収益（営業の場合）をこの総時間で割ったものが「時間当り（付加価値）」となる。すなわち「時間当り」の単位になるものであり、総時間の削減が時間当りの向上につながる。算出方法は「総時間＝定時間＋残業＋部内共通時間＋間接共通時間」。

総収益

営業部門の時間当り採算表の科目の一つ。受注生産および在庫販売にて得た利益の合計をいう。算出方法は「総収益＝受注生産収益小計＋在庫販売収益小計」。

総出荷

製造部門の時間当り採算表の科目の一つ。受注生産による社外出

社内金利

在庫のように資金回収を遅らせる事象や、固定資産の取得のように部門が会社に立て替え払いしてもらっている事象に対して、社内的に該当部署に金利を負担させる制度をいう。

社内売買

アメーバ経営では、工程間のモノの流れにおいて、社外のマーケット同様に社内取引を行っており、このようなモノとお金の流れを捉える仕組みを社内売買という。アメーバは社内売買を通じて利益を生み出し、自主独立で経営を行う仕組みとなっている。

社内発注

社内売買において発注残管理を行うものについて、依頼元が依頼先へ発注することをいう。

社内ロイヤリティ

研究開発の成果に応じた対価をいう。研究開発の成果が採算アメーバの受注売上の最大化に貢献することにより、研究開発部門は定められたロイヤリティを受けることができる。次なる新規テーマへの積極的な投資に充てることを目的とする。受け取ったロイヤリティは内部技術料にマイナス経費として計上される。

受注（受注実績）

営業部門の時間当り採算表の科目の一つ。営業が取引先から注文を受けることをいう。

受注残

注文を受けているもののうち、生産や売上計上が完了していないものをいう。

受注生産

顧客の要求する仕様に合わせて製品を作る生産形態をいう。在庫リスクが少ない半面、顧客次第で仕様、納期、価格などがすべて違ってくる。

出荷指示

出荷に必要な情報を営業から出荷担当部門（各工場の物流部門）へ指示することをいう。

商品（社内売）

製造部門の時間当り採算表の科目の一つ。在庫販売システムを使用する営業見込み発注に対して、生産（社内売）することをいう。買い手が営業であるため社内買は発生しない。営業は見込み発注稟議の可決決裁後、製造に対して社内発注する。

ているのか、いくらの付加価値を上げたかを表す数値をいう。生産規模や人員構成にかかわらず、各アメーバの採算を公平に評価するものであり、各部門の時間当りを全員参加で向上させることが経営を伸ばすことに直結しており、時間当りが全社統一の経営指標となっている。一時の高低よりも、継続的に向上させることが重要である。算出方法は、「時間当り＝差引収益÷総時間」。

時間当り売上高

営業部門の時間当り採算表の科目の一つ。営業部門における1時間当りの売上額をいう。「時間当り売上高＝総売上高÷総時間」

時間当り採算表

京セラ社内のアメーバが営業製造活動を行うことにより会社にどのくらい貢献しているのか、いかに付加価値を上げているかを自ら把握する資料をいう。営業用と製造用の2種類あり、班単位から全社計まで必要に応じてさまざまなレベルで作成・活用されている。研究・開発部門と製造間接は製造用時間当り採算表、本社間接は営業用時間当り採算表に準じた経費項目を使用している。

時間当り生産高

製造部門の時間当り採算表の科目の一つであり、社内の各アメーバの1時間当りの生産額をいう。「時間当り生産高＝総生産高÷総時間」。

時間移動

他部門の業務応援を行ったり、業務内容によっては他部門が時間を負担する場合に行う処理をいう。

社外出荷

製造部門の時間当り採算表の科目の一つ。受注生産システムによる社外の客先向けの生産金額のことをいう。社外出荷という名称であって実際の出荷を意味するわけではない。製品を物流倉庫に搬入し、生産データを出荷管理システムに転送する。京セラの場合、12時までに完了したものが当日EDP処理され、実績に計上される。

社内売

製造部門の時間当り採算表の科目の一つ。社内のほかのアメーバ向けの生産額をいう。

社内買

製造部門の時間当り採算表の科目の一つ。社内のほかのアメーバからの購入額をいう。

と同時に在庫を即納する販売形態をいう。営業部門は社内発注により在庫を保有するが、需要予測に基づく見込み発注となるため、発注数量、金額については稟議の可決決裁が必要である。

採算部門

事業における収入があり、自己の採算を捉えて運営し、製造部門の時間当り採算表上の総生産、控除額、差引収益（収益）が発生する部門、または営業部門の時間当り採算表上の受注、総売上高、総収益、経費合計、差引収益が発生する部門をいう。

財務会計

企業が貸借対照表、損益計算書を中心とする財務諸表を作成し公表することで、企業の財政状態及び経営成績を企業外部の株主、債権者、取引先、税務当局など、企業と関わりのある組織や人（＝利害関係者）に報告する会計をいう。

材料支給

委託加工取引もしくは委託生産において、委託者が加工生産に使用する、原材料などを委託先に供給することをいう。

先入れ先出し

在庫管理において入庫したものから順に出庫することをいう。生産や購入の古い順から消化することで長期在庫の発生を防ぐ狙いがある。

差引可能残

制作可能残から社内発注残（社内買予定）を差し引いたものをいう。

差引収益

時間当り採算表の科目の一つ。収入から人件費以外の経費を差し引いた金額をいう。言い換えれば、アメーバが生み出した付加価値である。

差引比率

収入に対する差引収益の比率をいう。アメーバ単位で付加価値を生み出す効率を把握するための重要な指標である。「差引比率＝差引収益÷収入×100」

仕掛品差額

決算において、期首と期末の仕掛品の差額を原価計上するための勘定科目をいう。

時間当り

時間当り採算表の科目の一つ。アメーバが1時間当りいくら儲けう。工場管理部門が一覧表を作成し、各採算部門へ配賦している。

控除額

製造部門の時間当り採算表の一つ。経費の合計をいう。

固定資産金利

時間当り採算表の科目の一つ。固定資産を購入した場合、代金は会社が一括して支払うが取得部門は月々減価償却して負担するので、いわば会社による立て替え払いの状態にある。これを借金とみなし、相応の金利を負担させる仕組みをいう。

固定資産処分益・処分損

時間当り採算表の科目の一つ。固定資産の廃棄および売却により発生する損失・収益をいう。

固定費

設備の減価償却、人件費など、売上・生産の増減と関わりなく、変化しない経費を固定費という。固定費は一度発生すると簡単に減らない。月々の経費の中に固定費の比率が高くなると、売上の減少により採算がすぐに悪化し、弱い経営体質になる。よって、固定費を増加させる設備投資や増員などは、くれぐれも慎重に行うべきである。固定費を可能な限り抑えることで、会社は少々の減収でもびくともしない、強い経営体質になる。

在庫（棚卸資産）

生産や販売活動に必要な原材料、仕掛品、製品、商品などを、使用または出荷、販売するまでの期間、保管し管理すること、またはそれらの物品をいう。

在庫移動

在庫販売において、各倉庫ごとの適正な在庫を保つために、在庫の保管場所を変更することをいう。

在庫金利

時間当り採算表の科目の一つ。一定期間以上の在庫に対しては依頼元部門に相応の金利を負担させる仕組みをいう。長期在庫を抑制させる効果がある。在庫としてあるということは資金回収を遅らせることにつながり、事業資金に投ずることでさらに利益を増やす機会を遅らせることになる（京セラグループでは2カ月超の管理在庫に対し、金利が発生する）。

在庫販売

市場の需要予測に基づき商品を仕入れ（もしくは生産し）、受注協力対価と呼ぶ。アメーバ経営では、この協力対価をもとに各部門の採算管理を行う。

勤怠時間

給与計算期間に発生した「定時間」と「残業時間」の合計時間をいう。時間当り採算表の総時間は「稼働時間」が使用されるので、勤怠時間とは使い分けが必要となる。

経営管理

事業部独立採算制におけるアメーバ経営を基盤とする経営管理体制の確立、維持、運営することをいう。経営管理部門はアメーバ経営とフィロソフィを実践する部門として、使命感と責任感を持つことが求められる。つまり、「原理原則に則り、物事の本質を追求」し、「人間として何が正しいか」という判断基準を堅持しなければならない。

経費移動

ある部門で発生した経費を他の部門が負担するように処理することをいう。移動元部門の依頼に基づき経理にて仕訳入力することで、勘定科目、負担コードの変更をすることができる。

経費合計

営業部門の時間当り採算表の科目の一つ。経費の合計をいう。

減価償却費

時間当り採算表の科目の一つ。土地以外の有形固定資産は使用または時の経過とともにその経済的価値が減少する。この減価を費用として計上する会計手続きを減価償却といい、その費用を減価償却費という。

研究（開発）部門

新製品や新技術の研究開発を行い、新しい事業分野を開拓する役割を持つ部門をいう。

研究口銭

社内ロイヤリティ制度に基づき新たに研究開発された製品、材料、技術を量産化するに当たって（品目、期間を限定して）製造部門が研究部門へ支払う対価をいう。

工場経費

製造部門の時間当り採算表の科目の一つであり、工場総務部門、労務部門、経営管理部門、資材部門など工場共通の部門の経費のうち、個別に割り振りできないものを一定基準（総生産比、総時間比、人員比など）で割り振る費用をい

勘定科目

簿記における計算単位を勘定といい、勘定に対して与えられた具体的名称を勘定科目という。アメーバ経営では経理用（経理科目）とは別に時間当り採算表用の科目（時間当り科目）体系があり、時間当り採算表と損益計算書が有機的に連動している。

間接共通時間

時間当り採算表の科目の一つ。工場、事業所、営業所間接部門で発生した時間をいい、各採算部門に配賦される。

間接共通費

時間当り採算表の科目の一つ。事業所、営業所間接部門で発生した経費をいい、各採算部門に配賦される。

間接部門

広義では経営管理部門、資材部門、総務部門、環境部門などの非採算部門をいう。狭義としては各事業部の中でも事業目的に直結する部門を支える部門（営業間接、製造間接）という。

管理会計

企業内部の経営者に経営に役立つ各種の会計情報を必要に応じて作成し、報告する会計をいう。法規制に定められた制度会計とは異なり、個々の会社で自由に構築できる。管理会計には設備投資の計画など意思決定に役立つものと期間利益計画、予算統制、標準原価計算など業績の評価に役立つものとが含まれる。アメーバ経営では時間当り採算表をはじめとする会計資料が該当する。

技術料

製造部門の時間当り採算表の科目の一つ。技術提携先に対する特許料、ノウハウ料の費用をいう。

協力会社費

製造部門の時間当り採算表の科目の一つ。簡易な作業を家内労働者に対して支払う費用（内職費）と協力会社（協力会社としての取引契約を交わした会社で、委託加工の形態をとる）に対し支払う費用をいう。

協力対価

社内売買の一形態。医療・運輸・流通などでモノの移動がなく、複数の部門が協力して一つのサービスを提供するような場合に用いる社内取引の仕組み。お客様にサービスを提供する主体部門が、協力部門に対し支払う対価を

売上高

営業部門の時間当り採算表の科目の一つであり、製品・商品の販売金額をいう。

売掛金

後払いで売ることを掛売りといい、その代金を売掛金という。製品・商品の売上高は売掛金となり、そのうち客先からまだ支払われていないものを売掛残という。

売掛金金利

営業部門の時間当り採算表の科目の一つであり、決済サイトの早期回収を促進するために、発生から一定期間を超えた売掛金に対して営業が負担する金利をいう。

営業口銭

営業部門の時間当り採算表の科目（受取口銭）の一つ。次の2項目から発生した社内取引にて受け取る口銭をいう。

売上計上時の営業口銭：売上計上時点に営業部門が製造部門より受け取る口銭。

営業部門

受注活動を通じて客先より注文をいただき、製造の仕事を確保するとともに、客先が満足する製品とサービスを提供し、代金を回収する部門をいう。アメーバ経営において製造部門と営業部門はそれぞれ独立採算（プロフィットセンター）である。

応援

期間限定で、人事異動を伴わず、部署を超えた業務支援のことをいう。

買掛金

後払いで　買うことを掛買いといい、その代金を買掛金という。買掛金のうち仕入先への支払いが済んでいないものを買掛残という。

外注

生産工程の一部を、社外（内職、協力会社以外）に依頼することをいう。

加工部門

製造工程を持ち（途中工程でもよい）、生産実績を計上する部門をいう。

稼働時間

総労働時間をいう。会社カレンダー上の出勤日を原則とするが、工場・事業所単位で変更となる場合もある。

アメーバ経営用語集

アメーバ経営で使われる用語の中には、一般の経営用語とは異なる意味を持つ独自の用語が数多くあります。ここでは、アメーバ経営の運用、特に採算表に関連する用語を中心にピックアップして、簡単な説明をつけました。

＊一部、「京セラアメーバ経営用語集」より引用

アメーバ経営

アメーバ経営とは京セラフィロソフィをベースにした京セラの経営理念、経営哲学を実現していくための経営管理手法であり、その目的は、①マーケットに直結した部門別採算制度の確立、②経営者意識を持つ人材の育成、③全員参加経営の実現、である。各アメーバは売上を最大に、経費を最小にすれば付加価値が最大になるという経営原則を表した「時間当り採算表」をベースに経営を行っている。

アメーバ経営の三つの要諦

① アメーバ組織の作り方
- 収入と費用が明確に把握できる単位とする
- ビジネスとして完結する単位とする
- 会社の目的や方針を遂行できる単位とする

② アメーバの値決め
- 最終売り値からさかのぼってアメーバ間の売り値を設定する
- フェアに判断する

③ バックボーンとなる経営哲学
- 利害の対立が会社全体のモラルと利益を損なわせる
- リーダーは公平な審判となるべきである
- リーダーは全人格的に優れた人間でなければならない

粗利

在庫販売において売上高から売上原価を差し引いたものをいう。

売上原価

営業部門の時間当り採算表の科目の一つであり、在庫販売にて売り上げた商品の原価をいう。在庫単価は、社内生産商品は製造時出荷金額、仕入商品は営業仕入値となる。在庫販売の売上計上時に、その在庫商品の在庫単価を売上原価として計上する。（財務会計の売上原価とは意味が異なる）

著者紹介

森田 直行　Naoyuki Morita

KCCSマネジメントコンサルティング（KCMC）会長。1942年、福岡県生まれ。1967年、鹿児島大学卒業後、京都セラミック（現・京セラ）に入社。アメーバ経営の仕組みと情報システムの確立・推進を担当。1995年、社内ベンチャーとして立ち上げた事業をベースに京セラコミュニケーションシステム（KCCS）を設立、社長に就任（現・相談役）。2006年、京セラ副会長。同年、KCCSのコンサルティング部門を分社化しKCMCを設立、社長に就任。2010年、経営破綻したJALグループの再建に参画、副社長として稲盛和夫京セラ名誉会長とともに部門別採算制度の導入による経営改革を実行、再建に貢献した。2011年、KCMC会長。2012年、中国に京瓷阿美巴管理顧問（上海）有限公司を設立、董事長に就任。アメーバ経営の伝道に日々心血を注いでいる。

＊「アメーバ経営」に関する商標権等の権利は京セラ株式会社に帰属します。

全員で稼ぐ組織

JALを再生させた「アメーバ経営」の教科書

2014年6月2日　第1版第1刷発行
2014年7月14日　第1版第3刷発行

著　者　森田 直行
発行者　高畠 知子
発　行　日経BP社
発　売　日経BPマーケティング
〒108-8646　東京都港区白金1-17-3
NBFプラチナタワー
電話 03-6811-8650（編集）
03-6811-8200（営業）
http://ec.nikkeibp.co.jp/

構成協力　八代彩子
装　丁　遠藤陽一
制　作　河野真次
印刷・製本　株式会社廣済堂

ISBN978-4-8222-5020-1

定価はカバーに表示してあります